Markus Aurelius'
Betragtninger
tanker til sig selv

Markus Aurelius'
Betragtninger

tanker til sig selv

på dansk
ved L. C. Hansteen

imprimatur

Marcus Aurelius' Betragtninger, tanker til sig selv
redigeret og forsynet med nyere retskrivning
af Peter Eliot Juhl efter
Markus Aurelius Antoninus' Betragtninger
på dansk ved L. C. Hansteen, København, 1897
© 2021 Marcus Aurelius
Forlag: BoD – Books on Demand, Hellerup, Danmark
Tryk: BoD – Books on Demand, Norderstedt, Tyskland
ISBN: 9788743033943

Indhold

Det ville være overflødigt at sige noget til ros for Marcus Aurelius, den sidste af de få udmærkede kejsere, som beklædte den romerske trone. Hans tilnavn, filosoffen, angiver allerede den egenskab, der udmærkede ham som menneske og regent. Dog var det ikke som teoretisk videnskab, at Marcus Aurelius havde dyrket filosofien. Det var derimod den filosofi, som allerede Sokrates havde ført ind i livet, den, der gør det til menneskets opgave at kende sig selv, det var den stoiske filosofi med dens praktiske tendens, dens fremhævelse af sædelæren, hvor det gjaldt ikke blot viden, men væren, det var denne visdomslære, der tidligt fængslede hans sind og hans tankeliv, og den fandt ingen discipel, som på en værdigere måde gennemførte dens grundsætninger og fulgte dens vejledning gennem hele sit liv.

Skønt Marcus Aurelius levede i en mørk tid, havde han haft den lykke, at tidlig gudsfrygt var blevet indplantet i hans hjerte, og et lysende eksempel stillet ham for øje i hans adoptivfader, Antoninus Pius, som efter Hadrians ønske havde udset ham til tronfølger, med hvem han i sin ungdom levede i nær og uafbrudt forbindelse, og som skænkede ham sin agtelse og kærlighed i rigt mål. Selv hengav han sig fra sin tidligste ungdom af et rent hjertes fulde drift til enhver god indflydelse, hvorfor kejser Hadrian kaldte ham med navnet Verissimus (den sanddrueste) i stedet for hans familienavn Verus (den sanddru). Heller ikke som kejser skuffede han de forhåbninger, der var sat til ham. Hverken magten, da han herskede over det største verdensrige, eller det nedslående syn af fordærvelsen omkring ham gjorde ham utro mod sig selv eller satte nogen plet på hans karakter.

Som bekendt, har Marcus Aurelius lige så lidt som Sokrates eller Epiktet forfattet noget skrift, bestemt for efterverdenen. Hvad vi har, er en række intime optegnelser, han har nedskrevet til sit eget brug som udtryk for sine anskuelser og de iagttagelser, der trængte sig på ham. Som en art dagbog, en samtale, han har ført med sig selv, åbner de os et indblik i hans grundsætninger og livsanskuelse, og, uagtet de, set fra et kristeligt standpunkt, røber den indskrænkning, som den hedenske bevidsthed og den stoiske tænkning medførte — den abstrakte betragtning af friheden, dens overvurdering af menneskets åndelige formåen, dens undervurdering af det timelige, noget jordbundet, der gør, at tilværelsen ikke kendes i dens forklarelse, men ses som noget, man må flygte bort fra —, indeholder de dog så mange skønne udtalelser, så mange alvorlige „tanker til eftertanke", at de har skaffet ham venner og beundrere fra hans nærmeste eftertid lige indtil vort århundrede.

Allerede Bastholm har givet en dansk oversættelse af Marcus Aurelius' skrift. At dette grundige arbejde, som udkom 1805, nu ikke er fri for at bære alderens mærke, har foranlediget, at nærværende gengivelse er blevet forsøgt af

oversætteren.

Første bog

1.

Af min bedstefader Verus' eksempel har jeg lært at være venlig i omgang og ukendt med vrede.

2.

Af min faders efterladte navn og den erindring, jeg har bevaret om ham, beskedenhed og mandig tænkemåde.

3.

Min moder lærte mig gudfrygtighed og gavmildhed, at afholde sig fra ond gerning og ikke mindre fra den onde tanke, fremdeles den tarvelige levemåde, så vidt forskellig fra rigmænds overdådighed.

4.

Min oldefader har jeg at takke for, at jeg ikke besøgte de offentlige skoler, men nød dygtige læreres undervisning i hjemmet, og gjorde den erfaring, at man ikke bør spare, hvor det gælder ungdommens opdragelse.

5.

Af min opdrager lærte jeg i væddekampen hverken at tage parti for de grønne eller de blå, hverken for dem med det lille skjold eller dem med det store skjold bevæbnede, at være udholdende under besværligheder, nøjes med lidet, selv lægge hånd på arbejdet, ikke blande sig i andres sager og ikke låne øre til bagvaskelse.

6.

Diognet skylder jeg, at jeg ikke befattede mig med ting uden værd, at jeg aldrig fæstede tro til, hvad undergørere og gøglere beretter om deres trylleformler og åndebesværgelser og lignende opdigt, at det ikke blev min lyst at opføde vagtler til kamp eller hengive mig til den art lidenskab; at jeg kunne finde mig i andres frimodige udtalelser, at studiet af filosofi blev mig kært, at jeg hørte Bakkhios' forelæsninger og derefter blev tilhører hos Tandasis og Markian; at jeg alt i mine drengeår forfattede dialoger, at jeg fandt behag i at sove på et hårdt leje i et dyreskind samt i de øvrige skikke, der er almindelige blandt de græske filosoffer.

7.

Rustikus takker jeg for, at jeg blev opmærksom på den omsorg, jeg burde have for min karakters udvikling og forædling i sædelig henseende; at jeg ikke reves hen til den sofistiske lidenskab, ikke forfattede afhandlinger over abstrakte videnskaber, af forfængelighed holdt små opmuntringstaler eller søgte at blænde ved at give mig ud for manden af den overordentlige dygtighed eller for den store velgører; at jeg ikke ofrede mine kræfter på studiet af veltalenhed og digtekunst og det pyntelige foredrag; at jeg ikke i hjemmet optrådte togaklædt, men undgik al lignende blødagtighed; at jeg skrev mine breve i en ukunstlet stil, ganske som det, han fra Sinuessa skrev til min moder; at jeg viste mig forsonlig og let omstemt overfor dem, der havde forset sig ved nogen tilføjet krænkelse og siden ønskede at forny det gode forhold; at jeg var grundig i min læsning og ikke nøjedes med en blot overfladisk kundskab, heller ikke let gav mit bifald til løs og ubegrundet tale;

endelig takker jeg ham for, at jeg blev bekendt med Epiktets skrifter, hvilke han lånte mig af sin egen bogsamling.

8.

Af Apollonius lærte jeg, hvad det er at være fri, uden nogen vaklen at bevare åndens faste og sikre holdning, i alt kun at ledes af fornuften og intet øjeblik afvige fra den, at være ens sindet under de hårdeste prøvelser, ved tabet af et barn, under langvarig sygdom. Ved sit levende eksempel beviste han klart, at man kan være det ildfuldeste menneske og tillige det føleligste, at man kan være lærer uden gnavenhed. I ham så jeg en mand, der åbenbart regnede det for sit ringeste fortrin at besidde grundige kundskaber og ualmindelig dygtighed i det videnskabelige foredrag. Han lærte mig, hvorledes man bør modtage venners formentlige gunstbevisninger uden at føle sig ydmyget derved og uden at afvise dem med kulde.

9.

Hos Sextus mødte mig velvilligheden og billedet af et hjem, der styres af den faderlige myndighed. Af ham lærte man, hvad der forstås ved et liv i overensstemmelse med naturen. Han besad ukunstlet værdighed og havde et åbent blik for vennernes fornødenheder. Overfor de udannedes og de tankeløses uforstand var han overbærende. Han besad denne lethed i omgang, der virker så indsmigrende, medens han på samme tid indgød sine omgivelser agtelse. De praktiske leveregler vidste han at fremsætte på en let fattelig og vel ordnet måde. Der fandtes ikke spor af vrede eller heftig sindsbevægelse hos ham, han var på én gang uden al lidenskab og det ømmeste hjerte. Han satte pris på bifald, kun ikke det larmende. Han besad mangesidig indsigt, men bar den ikke til skue.

10.

Af grammatikeren Alexander lærte jeg, ikke at overfuse den, som måtte have udtrykt sig i et råt, fejlfuldt og ilde klingende sprog, eller vise ham til rette i en skarp tone, men derimod på en artig måde fremhæve det, som burde været sagt, i form af et svar, en bekræftelse, under en forhandling om sagen, ikke om udtryksmåden eller ved nogen anden ikke stødende påmindelse.

11.

Fronto åbnede mine øjne for den skinsyge, troløshed og forstillelse, som eneherredømmet har i følge med sig, og for det lidet ædle, som findes hos vore såkaldte adelsbårne slægter.

12.

Platonikeren Alexander lærte mig, kun sjælden og aldrig uden nødvendighed mundtligt eller skriftligt at betjene mig af den undskyldning, at jeg manglede tid; ikke ved denne vending under påskud af påtrængende forretninger at vænne mig til at undslå mig for de forpligtelser, som forholdene måtte pålægge mig mod mine medmennesker.

13.

Catulus lærte mig, ikke at vise ligegyldighed mod en ven, når han beklagede sig over noget, selv om han gjorde det med urette, men forsøge alt for at genoprette det fortrolige forhold; af fuldt hjerte at tale vel om mine lærere, som Domitius og Athenodotus efter sigende have gjort, og at nære inderlig kærlighed til mine børn.

14.

Af Severus lærte jeg at elske mine nærmeste, at elske sandhed og retfærdighed. Ham skylder jeg, at jeg blev bekendt med Thraseas, Helvidius, Cato, Dion og Brutus; at jeg dannede mig forestillingen om en stat, hvor alle er lige for lovene, og alle har lige rettigheder, et rige, hvor hensynet til alle borgeres frihed er den øverste ledende grundsætning. Af ham lærte jeg fremdeles at leve uden smålige sorger og bevare min kærlighed til filosofien usvækket; at give og at meddele med rund hånd, altid håbe det bedste, aldrig tvivle om vennernes kærlighed, ikke lægge skjul derpå, om nogen befandtes dadelværdig, stedse ytre sig åbent, så at vennerne ikke behøver at forske ængsteligt efter, hvad man egentlig vil og hvad man ikke vil.

15.

Af Maximus lærte jeg at beherske mig selv, ikke vakle hid og did; at være ved godt mod under genvordigheder og i sygdom; at bevare sindets ligevægt, forene mildhed med værdighed, og udføre sin gerning uden at besvære sig. Enhver måtte tro om ham, at hvad han sagde, mente han oprigtigt, og hvad han gjorde, foretoges i den bedste hensigt. Aldrig overraskedes han ved noget, tabte aldrig fatningen, var hverken forhastet i handling eller sendrægtig, hverken rådvild eller nedslået, ikke snart mild, snart heftig, eller mistænksom; derimod var han gavmild, forsonlig, sanddru; hans personlighed gjorde indtryk af det naturlig rette og ukunstlede. Ingen behøvede at frygte for at være overset af ham, medens heller ikke nogen vovede at anse sig for bedre end ham. Ved sit venlige væsen forstod han at vinde alle.

16.

Min adoptivfader var mig et mønster på en vis blidhed i omgang og en urokkelig fasthed i det, han efter moden prøvelse havde erkendt for ret. Tomme æresbevisninger kunne ikke smigre hans forfængelighed. Hans arbejdslyst var utrættelig. Til forslag, der sigtede til det offentlige vel, lånte han villig øre, og forsømte aldrig at yde enhver fortjent anerkendelse. Han havde et skarpt blik for, hvor der burde skrides kraftigt ind, og hvor man kunne gå frem med lempe. Elskovshandeler med ynglinge hæmmede han. I omgang var han nådig og mild. Aldrig bebyrdede han vennerne med nogen tvang til enten at spise med ham eller ledsage ham på rejser, og havde nogen af en eller anden grund været forhindret i at følge ham, genfandt han ham stedse i den samme stemning. I rådslagninger var han grundig og samvittighedsfuld, og afbrød aldrig forhandlingen tilfredsstillet ved et løseligt skøn. I venskab var han varmt følende og bestandig, fri for luner, såvel som for blind lidenskabelighed. Han var tilfreds i enhver forfatning og af et fornøjeligt sind. Med vidt skuende forsynlighed ordnede han alt forud indtil de mindste enkeltheder uden mange ophævelser. Bifaldsråb og al smiger afviste han. Det til regeringens førelse nødvendige vågede han omhyggeligt over; i anvendelsen af midlerne til offentlige festspil var han påholdende, ubekymret om han blev dadlet derfor. I sin gudsfrygt var han uden overtro; i forhold til menneskene ikke behagesyg, ikke bejlende til folkegunst eller smigrende for mængden, men i alt besindig og fast, taktfuld og uden nyhedssyge. De ting, som tjener til livets bekvemmelighed, hvilke i rigeligt mål var ham tildelt, benyttede han frit og uden opblæsthed; tilbødes de, nød han dem uden at sætte overdreven pris derpå; fattedes de, savnede han dem ikke. Ingen skulle sige om ham, at han var enten en sofist, en hjemmefødning eller en pedant, men enhver måtte anse ham for en moden og fuldkommen mand, der var hævet over smiger, dygtig til at styre både sine egne og andres anliggender. De ægte filosoffer ærede han og indlod sig ikke i nogen dadel over de kun foregivne. Han var venlig i omgang, vittig i tale uden overdrivelse. For sit legemlige vel bar han en passende omsorg, ikke som den, der elskede livet højt eller særligt lagde an på skønhedens pleje, kun ikke tilsidesættende det tilbørlige hensyn. Ved denne agtsomhed bragte han det så vidt, at han så godt som aldrig behøvede lægemidler, hverken til indvortes eller udvortes brug. Mærkelig var den lethed, hvormed han uden spor af skinsyge stillede sig selv i skygge overfor sådanne, som i et eller andet fag havde erhvervet sig fremragende dygtighed, enten det nu var i veltalenhed, i lovkyndighed eller i sædelæren; det var ham stedse magtpåliggende at forskaffe enhver den anerkendelse, hans særegne fortrin berettigede ham til. De fra fædrene nedarvede skikke holdt han i ære, uden at det dog blev iøjnefaldende, at han lagde særlig vægt herpå. Han gav ikke efter for fremmed påvirkning, og lod sig ikke let drage bort fra de steder eller sager, der krævede hans udelte opmærksomhed. Når han var blevet befriet fra sine voldsomme hovedsmerter, kastede han sig med ny og frisk iver over sine vante forretninger. Han havde ikke mange hemmeligheder, og de få, han havde, angik udelukkende statssager. I udstyrelse af fester, opførelse af bygninger, pengeuddelinger og deslige viste han et forstandigt mådehold og tog mere hensyn til, hvad der burde gøres, end til den berømmelse, der kunne flyde deraf. Han tog kun bad til regelmæssige tider, var ikke byggelysten; på måltidernes tilberedelse, klædedragtens finhed og farve, på slavernes skønhed ofrede han kun liden tanke. Den toga, han bar i Lorium, var forfærdiger på et nedenfor liggende landsæde. Når han opholdt sig i Lanuvium, var han som oftest klædt i tunika; og sådan var i alt hans levevis. Hvad der var hårdt eller råt, fandtes ikke hos ham, intet voldsomt, intet, der, som man plejer at sige, steg til kogepunktet; men alt var fuldt overvejet, roligt og sindigt, uden lidenskabelighed, regelret, grundfast, i indre harmoni. På ham passede, hvad man har berettet om Sokrates, at han kunne såvel afholde sig fra som også nyde sådanne ting, som de fleste er for svage til at afholde sig fra, og få formår at nyde med måde. Denne karakterens styrke og ligevægt betegner en mand, der har en fuldkommen og urokkelig ånd, hvad han også lagde for dagen under Maximus' sygdom.

17.

Guderne har jeg at takke for, at jeg har haft gode bedsteforældre, gode forældre, en god søster, fortræffelige lærere, gode husfolk, pårørende, venner, alt godt næsten uden undtagelse. Når det aldrig kom dertil, at jeg forsyndede mig imod nogen af dem, skønt mit naturlige anlæg var et sådant, at forholdene let havde kunnet friste mig til en overilet handling, da takker jeg gudernes mildhed for, at intet sammentræf af omstændigheder bragte denne skam over mig. De føjede det således, at jeg ikke ret længe blev opdraget hos min bedstefaders elskerinde, at jeg bevarede ungdommens blomst og ikke blev mand før tiden, men endog noget senere end almindeligt; at jeg blev undergivet en fyrstelig fader, der udryddede alt hovmod hos mig og lærte mig at indse, at man, fordi man lever ved hoffet, ikke behøver en livvagt, prægtige klæder, fakler, billedstøtter eller lignende tom pragt, men at man i sit huslige liv kan indrette sig på samme fod som en privat mand uden derfor, når man i statssager skal optræde som hersker, at savne alvor og værdighed. Guderne gav mig en broder, hvis sædelige vandel tilskyndede mig til at våge over mig selv, og som glædede mig ved sin agtelse og kærlighed. De har skænket mig børn med lykkelige anlæg, og som ikke led af nogen legemsfejl. Dem takker jeg for, at jeg ikke drev det synderlig vidt i veltalenhed, digtekunst eller de øvrige studier, som let kunne have lagt for meget beslag på mig, når jeg havde fundet, at jeg gjorde heldige fremskridt. Dem skylder jeg, at jeg tidligt forfremmede mine opdragere til de værdigheder, som jeg antog, de attråede, og ikke, fordi de endnu var unge, opholdt dem med håb om, at jeg ville gøre det senere; at jeg lærte at kende Apollonius, Rustikus og Maximus; at billedet af et liv i overensstemmelse med naturen klart og ofte foresvævede mig, så at jeg, når det kom an på, hvad guderne har forundt mig, på deres bistand og vink, allerede kunne være ved målet, og når jeg endnu er langt derfra, det alene må tilskrives mig selv, der ikke har agtet nok på deres påmindelser, deres undervisning, kunne jeg næsten sige. Guderne takker jeg for, at mit legeme så længe har udholdt dette liv, at jeg aldrig har berørt Benedikta eller Theodot, men i tide blev ganske helbredt for denne lidenskab; at jeg, når jeg ofte opblussede i vrede mod Rustikus, dog aldrig gik til nogen yderlighed, som jeg siden skulle angre; at min moder, som bortkaldtes i ung alder, dog kunne tilbringe sine sidste år hos mig; at det aldrig, når jeg ønskede at hjælpe en fattig eller en på anden måde trængende, skulle hedde, at der fattedes mig midler dertil, og at jeg heller ikke selv nogensinde befandt mig i den forlegenhed at måtte tage af andre. Guderne har føjet det så, at jeg har fået en ægtefælle, så eftergivende, så øm, så jævn af sæder; at jeg fandt duelige lærere til mine børn; at jeg i drømme blev belært om midler imod sygdomme, navnlig imod blodspytning og svimmelhed; at jeg, da jeg hengav mig til studiet af filosofi, ikke faldt i hænderne på en sofist, ikke fortabte mig i deres skrifter eller befattede mig med at løse deres syllogismer, eller fordybede mig i kundskab til himmellegemerne. Thi til alt dette behøves de hjælpende guder og lykken.

Anden bog

1.

Lad hver morgen din første tanke være denne. I dag vil jeg komme i berøring med et menneske, som er påtrængende, utaknemmeligt, frækt, svigagtigt, bagtalerisk, egenkærligt; alle disse fejl klæber ved sådanne på grund af deres uvidenhed om det gode og det onde. Men da jeg har erkendt det godes natur, at det er det hæderlige, og at det onde er det skammelige, og da jeg tillige kender den fejlendes natur, og ved, at han er beslægtet med mig, ikke ved blodets bånd eller ved nedstamning, men ved fællesskabet i de åndelige evner og ved den fælles delagtighed i det, der er det guddommelige i menneskenaturen, så er jeg forvisset om, at ingen af disse mennesker kan gøre mig skade, eftersom ingen kan bringe nogen last eller skam over mig. Heller ikke kan jeg fatte vrede eller had til den, der er af samme slægt som jeg selv; thi vi er jo blevet til for at samvirke med hinanden ligesom fødderne og hænderne, øjenlågene, tænderne i over- og undermunden. At modvirke hinanden vil altså stride imod naturens vilje. Men at vredes og afsky er netop at modvirke hinanden.

2.

Hele min tilværelse samles i disse tre stykker. Dette skrøbelige legeme, sjælen, denne svage livsgnist, som opholder det, og endelig den fornuftige ånd, som styrer det hele. Lad nu bøgerne fare, lad dem ikke fængsle dig, det er ikke tilladt; men foragt, som var døden dig allerede nær, dette kødelige legeme, der kun er blod og ben, et væv af nerver, et net, gennemflettet af årer og blodkar. Og nu atter sjælen: hvad er den andet end en luftstrøm, der, aldrig den samme, uophørligt udåndes og atter indåndes. Men angående den tredje, den ypperste del af dit væsen, så læg dig dette på sinde. Du er gammel; lad derfor ikke længere det, som er bestemt til at herske, blive en træl; tillad ikke længere, at det rives hen af drifter, som fører bort fra det almenmenneskelige, og lad det ikke længere oprøre sig imod skæbnen, hverken være utålmodig over det nærværende eller frygtsom overfor det tilkommende.

3.

I enhver af gudernes gerninger se vi tydeligt et forsyn råde. Selv det, der synes tilfældigt, er ikke uden sammenhæng med tingenes lovbundne orden, men udgør et led i den med visdom ordnede verdensplan. Den er kilden, hvorfra alt udgår. Hertil føjer sig nu det nødvendige og det, som er til nytte for hele universet, hvoraf du er en del. Og her gælder det, at hvad det heles natur fører med sig, og hvad der tjener til dettes opretholdelse, også er et gode for hver enkelt del af universet. Men universet opretholdes såvel ved grundbestanddelenes som ved det af disse sammensattes forvandling. Lad dette være dig nok, og bevar disse grundsætninger urokkelige i din bevidsthed. Søg ikke din visdom i bøger, for at du ikke skal dø med bitter klage, men med fred i dit sind og af dit ganske hjerte taknemmelig imod guderne.

4.

Betænk dog, hvor længe du har blevet ved at opsætte, og hvor ofte guderne har forundt dig den belejlige tid, og du har ikke ført dig den til nytte. Endelig engang bør du dog lære at kende den verden, hvoraf du er en del, og den verdensstyrer, af hvem du er en udstrømning. Du bør indse, hvor kort og begrænset den tid er, som er dig tilmålt, og at, når du ikke benytter den, forgår den, og du forgår selv, og den vender ikke mere tilbage.

5.

Lad det til enhver tid være din opgave, som det sømmer sig en mand, en romer, at udføre alt, hvad du har under hænder, med streng samvittighedsfuld alvor, med kærlighed til menneskene, med frihed og retfærdighed. Udeluk alle andre interesser af dit sind; og du vil kunne udelukke dem, når du foretager enhver handling, som var den dit livs sidste, når den er fri for al ubesindighed, for den lidenskab, der ikke vil adlyde fornuften, for al forstillelse og egenkærlighed og utilfredshed med den dig bestemte skæbne. Du ser selv, hvor få ting det er, et menneske har at holde fast ved for at leve et lykkeligt og gud velbehageligt liv; og af den, som iagttager dette, forlanger selv guderne ikke mere.

6.

Bliv kun ved at håne og nedværdige selv, o sjæl! Ret længe vil der ikke undes dig tid til at ære dig selv, som du bør. Thi livet flygter hastigt fra enhver, og snart vil det være til ende for dig, som ikke har agtet dig selv, men søgt din lykke i andres sjæle.

7.

Lad ikke den ydre verdens hændelser adsprede dig, men tag dig stunder til at lære noget godt, og lad dig ikke længere drage både hid og did. Endnu en anden omsvæven gives der, som man bør vogte sig vel for; thi også den bærer sig ad som en tåbe, der arbejder sig træt uden at have et bestemt mål, hvorhen han retter al sin gerning og alle sine tanker.

8.

Der vil ikke let findes nogen, som er blevet ulykkelig, fordi han ikke har udforsket, hvad der bor i en andens sjæl; men den, der ikke har ransaget rørelserne i sit eget indre, må uundgåeligt blive ulykkelig.

9.

Hold dig stedse klart for øje, hvilken universets natur er, og hvilken din egen, og hvorledes denne forholder sig til hin, hvorledes den er beskaffen som del af det således beskafne univers, og betænk, at ingen kan forhindre dig i at handle og tale i overensstemmelse med den natur, hvoraf du er en del.

10.

Det er en skarpsindig bemærkning af Theofrast, når han, idet han sammenligner lasterne indbyrdes — en sammenligning, som jo almindeligvis gøres —, siger, at den synd, der begås af sanselig attrå, er større end den, der begås af vrede. Den nemlig, som vredes, synes at afvige fra fornuften af smerte og på grund af en uvilkårlig sindsbevægelse; hvorimod den, der fejler af begærlighed og som beherskes af sanselig lyst, er mere tøjlesløs og svag eftergivende i sin synd. Det er derfor ægte filosofisk tænkt, når han bemærker, at den forsyndelse, der ledsages af følelse af lyst, er mere lastværdig end den, nogen pådrager sig under indtryk af smerte; thi i virkeligheden er denne sidste at betragte som en, der først er blevet forurettet og af smerte derover tvinges til vrede, hvorimod hin, der lader sig friste af den sanselige lyst, giver sig frivilligt hen til det onde.

11.

Forhold dig stedse i al din tanke og al din gerning som den, der véd, at du måske det næste øjeblik skal gå ud af verden; men at forlade det menneskelige samfund er jo ikke noget forfærdeligt, såfremt der er guder til, thi de vil jo ikke berede dig noget ondt; men hvis de ikke er til, eller de bekymrer sig ikke om de menneskelige anliggender, hvad skulle da give mig lyst til at leve i en gudløs verden, en verden, der ikke styres af noget forsyn. Men visselig! De er til og bærer omsorg for menneskene, og de har ordnet det således, at det står i menneskets magt at forhindre, at det bliver et bytte for noget virkeligt ondt. Og skulle der foruden det i sandhed onde gives noget, der måtte anses for ondt, da ville de også have forudset dette og ladet det bero på mennesket selv ganske at befris derfra. Hvad der ikke gør mennesket værre, kan jo dog heller ikke gøre livet værre. Det er umuligt, at alnaturen kan have overset sådant af sorgløshed, eller, vidende derom, været uden evne til at forebygge eller genoprette det. Den har ikke i den grad fejlet, at den på grund af afmagt eller rådvildhed skulle lade det gode og det onde i flæng komme over de gode og de onde mennesker. Vel tildeles døden og livet, ære og vanære, lyst og smerte, armod og rigdom uden forskel de gode såvel som de onde; men disse ting er hverken hæderlige eller skammelige, følgelig hverken noget gode eller noget onde.

12.

Hvor hastigt forsvinder dog alle ting: i legemverdenen enkeltvæsenerne, i tiden erindringen om dem; og hvad er alle de sanselige ting, og fremfor alt de ting, som lokker os ved det behagelige eller ængster os ved smerten, eller som forfængeligheden priser i høje toner? Hvor usle og foragtelige, hvor smudsige og forkrænkelige, ja døde er de ikke? Disse betragtninger må vel trænge sig på hos den fornuftigt tænkende. Og hvordan, må man spørge, er de, der sidder til doms over ære og vanære? — Og hvad er det at dø? Betragter man døden i og for sig, og ser tanken bort fra alle de fantastiske forestillinger, hvormed indbildningskraften har udstyret den, viser den sig som en ligefrem naturens virksomhed; men at ræddes for en virksomhed af naturen, er jo barnagtigt; og, hvad mere er, den er endogså gavnlig for naturen. — Hvorledes træder mennesket i forbindelse med gud, og med hvilken del af sit væsen? Og hvilken forandring undergår da denne del af dets væsen?

13.

Intet er elendigere end at søge at udstrække sin kundskab til alt muligt, at ville trænge ned til jordens grundvolde, som man har sagt, og bruge al sin kløgt for at udfinde, hvad der bor i næstens sjæl, uden at agte på, at kun ét er fornødent: at kende guddommen i sin egen sjæl og ofre den en ren og sand dyrkelse. Men den dyrker vi, når vi bevarer den fri for al lidenskab og ubesindighed og misfornøjelse med, hvad guder og mennesker bereder os. Thi guderne bør vi ære for deres magt og herlighed, og menneskene bør vi elske, da vi alle er én slægt. Stundom kunne vi vel have grund til at ynkes over dem, når de ikke kender forskel på ondt og godt, en blindhed, der er lige så stor, som ikke at kunne skelne sort fra hvidt.

14.

Om du så skulle leve tre tusinde år og endnu ti gange så længe, står det fast, at ingen mister noget andet liv end det, han lever, og ingen lever noget andet liv end det, han mister. Om et menneske lever et overmåde langt liv eller et overmåde kort, kommer derfor ud på ét; thi det nærværende øjeblik er ens for alle, selv om det forbigangne liv har været nok så forskelligt, og det, som mistes, er jo netop dette uberegneligt korte nu. Det forbigangne såvel som det tilkommende vil ingen kunne miste. Hvorledes skulle nogen kunne berøve en det, han ikke har? To ting er derfor vel at betænke. For det første, at alle ting fra evighed af er af ens art og bevæger sig i en kreds, så det bliver uden forskel, om nogen i hundrede år eller i to hundrede eller i en endeløs tid skal se på ét og det samme. Dernæst, at den, som lever det længste liv, og den, der dør tidligt, mister det samme, da det nærværende øjeblik er det eneste, der kan berøves ham, eftersom det er det eneste, han har, og man ikke kan miste, hvad man ikke har.

15.

At alt beror på den forestilling, vi gør os, er klart foredraget af kynikeren Monimus, og unægteligt indeholder hans udtalelser en gavnlig lære for den, der forstår at uddrage den sandhed, der ligger skjult i dem.

16.

Menneskets sjæl vanærer sig selv, når den ved sin egen skyld bliver som en byld og en ond svulst på verdenslegemet. Thi at være misfornøjet med noget, der tildrager sig, er at træde ud af sin forbindelse med naturen, i hvilken alle de enkelte begivenheder har deres fælles rod. Ligeledes vanærer sjælen sig selv, når den fatter uvilje mod et medmenneske, forbitres på det og har til hensigt at skade det, som det sker, når vreden forblænder et menneske. Fremdeles, når den underkues af sanselig lyst eller smerte, eller når den hykler, gør eller siger noget med forstillelse eller i strid med sandheden. Endelig vanærer den sig selv, når den ikke har noget fast mål for sin tragten og stræben, men handler uden bevidst hensigt og plan. Thi også ved de mindste ting, vi foretager os, bør vi have livets højeste formål for øje; men et fornuftvæsens højeste formål er at lyde den ærværdigste stats love og forskrifter.

17.

Det menneskelige livs varighed i tiden er et punkt; dets væsen en uophørlig omskiften; dets sansning dunkel; legemet i hele dets sammensætning et bytte for forrådnelse; sjælen en evig uro; skæbnen svær at råde; berømmelse en meningsløs tale. For at sige det med ét ord: Alt, hvad der angår legemet, er en strøm; hvad der angår sjælen, drøm og røg; livet kamp og udlændighed; vort eftermæle forglemmelse. Hvad er der da, som kan lede os gennem alt dette? Kun én ting og den alene: filosofien. Den lærer os at bevare den ånd, som bor i os, ren og ubesmittet, når den er ophøjet over sanselig lyst og smerte, aldrig foretager sig noget ubesindigt eller handler med falskhed og forstillelse, men er uafhængig af andres gøren og laden, og når den desuden modtager alt, hvad der vederfares og tildeles den, som noget, der kommer fra den samme kilde, hvorfra den selv har sit udspring, og fremfor alt, når den med mildt og roligt sind venter på døden og i den kun ser en opløsning af de bestanddele, hvoraf ethvert levende væsen er sammensat. Thi når det ikke er noget onde for selve disse bestanddele uophørligt at gå over i hverandre, hvorledes skulle da nogen kunne nære frygt for alle tings endelige omskiftelse og opløsning? Det er jo naturens lov, som fuldbyrdes, og intet, der sker efter dens love, er ondt.

Tredje bog

1.

Det er ikke nok at sige sig selv, at livet dag for dag svinder hen, og at den del, der står tilbage, med hver dag bliver mindre; men også dette må tages med i beregning, at selv om nogen opnår en højere levealder, det ingenlunde er vist, at der vil levnes ham usvækket åndskraft til at fyldestgøre livets praktiske krav, eller det klare blik, der sætter ham i stand til at dømme rettelig om de guddommelige og menneskelige ting. Begynder ånden først at sløves, da kunne vel åndedrættet, ernæringen, hele forestillings- og driftslivet uforstyrret vare ved; men at være sig selv mægtig, at formå at afveje alle de enkelte pligter, at være i stand til at fremsætte sine tanker tydeligt, at afgøre, om øjeblikket er der, da man bør forlade livet, evnen til alt dette og andet lignende, der fordrer det øvede blik, er for længst udslukket. Det er derfor nødvendigt at ile, ikke blot fordi døden med hver dag rykker nærmere, men også fordi evnen til at skelne og dømme svigter før tiden.

2.

Det er vel værd at lægge mærke til, hvorledes naturens frembringelser ofte ved en eller anden tilsætning erholder forøget ynde og tiltrækning. Således sker det, når brød, som bages, slår revner, at disse åbninger, som aldeles ikke er tilsigtede af bagerens kunst, forekommer os en prydelse og vækker lyst til at nyde det. Når figenen er fuldmoden, brister den; når olivenfrugten er så overmoden, at forrådnelsen er lige ved at indtræde, får den en ejendommelig ynde og velsmag. Aksene, som bøjer sig mod jorden, løvens foldede pandehud, fråden, der flyder af vildsvinets mund, og mange lignende ting, der i og for sig betragtede ingenlunde er skønne, virker ikke desto mindre som ejendommelige ytringer af naturlivet fængslende ved et vist skønhedsindtryk. Ja, der gives næppe nogen, der med følelse og dybere sans betragter alnaturen, som ikke af disse forskellige biting vil føle sig tiltalt på behagelig måde. Selv de vilde dyr med deres opspilede gab vil, når han betragter dem i virkeligheden, forlyste ham i lige så høj grad, som når de er fremstillet af malerens eller billedhuggerens efterlignende kunst. Også hos den aldrende kvinde og hos oldingen vil hans sunde blik opdage en skønheds fylde, ikke mindre end i barnets elskelige træk. Det er imidlertid ikke enhver givet at forstå dette hemmelighedsfulde sprog; dertil hører et sind, der er fortroligt med naturen og dens gerninger.

3.

Hippokrates, der havde helbredt mange sygdomme, bukkede til sidst under for en sygdom; kaldæerne havde forudsagt manges død, indtil den sidste skæbne ramte også dem; Alexander, Pompejus og Cæsar, som havde ødelagt hele stæder i bund og grund, og på valpladsen nedsablet tusinder af fodfolk og ryttere, måtte endelig selv gå bort fra dette liv. Heraklit, der så længe havde gransket og grundet over verdens brand, døde med legemet fuldt af vand, bedækket med et omslag af skarn. Demokrit blev dræbt af utøj, Sokrates af et andet slags utøj. Hvad har nu alt dette at sige? Du har indskibet dig, du har gjort rejsen og nået havnen: stig ud! Lander du i et andet liv, da er også dèr guder, thi intet sted er uden guder; taber du al bevidsthed, da skal du ikke længere være et bytte

for smerte og lyst, ikke længere den ypperste del af dit væsen
være en træl under den lavere; thi hin er ånd og af guddoms
art, denne støv og aske.

4.

Spild ikke den tid, du endnu har tilbage at leve, med at
tænke på andres sager, såfremt de ikke har nogen betydning
for almenvellet. Thi medens du har din opmærksomhed
henvendt på, hvad denne eller hin foretager sig, hvorfor han
gør det, på hvad han siger, eller hvad han tænker og pønser
på, fjerner du den fra omsorgen for din egen personligheds
bevarelse. Alle tomme og ørkesløse tanker bør derfor være
udelukket fra din forestillingskreds, i særdeleshed al ildesin-
det indblanding i andres sager. I det hele bør du kun give så-
danne forestillinger rum, som tillader dig, når det spørgsmål
pludselig rettes til dig: Hvorpå tænker du nu? straks frimodig
at svare: Jeg tænker på det og det, hvorved det øjeblikkeligt
kommer for dagen, at alt i dit inderste sind er oprigtigt og
velvilligt, at du lever dit liv som et led af det menneskelige
samfund, ringeagtende vellyst og sanselig nydelse, fremmed
for kiv, avind, mistro og alt sådant, som måtte bringe dig til
at rødme, om du skulle bekende, at det var derpå, du tænkte.
Uden at forsømme noget, der gør et menneskes liv hæderligt,
er en sådan mand en gudernes præst og tjener, byggende på
den urokkelige grund i sjælen, der bevarer et menneske ube-
smittet af vellyst, usårlig overfor smerter, uberørt af overmod
og al ondskab; en sejrvinder i den største kamp, kampen
imod lidenskabernes magt, gennemglødet af retfærdighedens
tanke kan han af ganske hjerte byde enhver mødende skæbne
velkommen. Sjældent og kun når hensynet til det almene vel

byder det, bekymrer han sig om, hvad andre siger eller tænker eller tager sig for. Kun det, der i sandhed er hans eget, vier han sine kræfter, og den lod, der er ham tildelt i det store hele, ofrer han al sin tanke. I hint finder han en skøn opgave, og at dette er godt, derom er han forvisset. Thi alt, hvad der tildeles et menneske, tildeles det, fordi det er det gavnligt.

Stedse mindes han, at alle fornuftvæsener udgør én slægt, og at det hører til sand menneskelighed at have omsorg for sine medmennesker. Dog kan ikke enhvers dom have betydning for ham, men kun sådannes, som lever i overensstemmelse med naturen; thi hvorledes de, der ikke lever således, opfører sig både ude og hjemme, ved dag og ved nat, og med hvem de søger samkvem, véd han kun alt for vel. Den ros derfor, der flyder fra sådanne, som end ikke kan bestå for deres egen dom, kan han kun ringeagte.

5.

Foretag ingen handling ufrivilligt, uden sans for det almene, uden foregående prøvelse eller endnu tvivlrådig. Giv ikke dine tanker et søgt og kunstlet udtryk. Brug ikke mange ord; befat dig ikke med mange sager. Lad den gud, som bor i dig, beskærme et mandigt væsen, ærværdigt, en statsborger, en romer, en hersker, der befaler over sig selv, og, som krigeren, venter på kaldet, beredt til, når det lyder, at forlade livet. Lad ed være overflødig, såvel som et menneske til vidne. Dit åsyn afspejler glæden i dit indre. Træng ikke til støtte udefra, så lidt som til den ro, andre skulle give. Hold dig opret, hav ikke nødig at holdes oppe af andre.

6.

Kan du finde noget, der i det menneskelige liv er bedre end retfærdighed, sandhed, besindighed, tapperhed, med ét ord, end den sjælens tilstand, da du i de ting, der beror på din egen fornuftige handling, er tilfreds med dig selv, og i de ting, som uden din selvbestemmelse beskikkes dig, er tilfreds med skæbnen; hvis du, som sagt, kender noget, der er bedre end dette, da vend dig derhen med al din hu, og glæd dig ved den skat, du har fundet. Skulle det derimod vise sig, at der ikke gives noget højere end den genius, der bor i dig, som underlægger sig drifterne, prøver tankerne, og, som Sokrates siger, frigør sig for lidenskabernes magt, som underkaster sig gudernes vilje og bærer omsorg for menneskenes vel; hvis alt andet må synes dig ringe og for intet at regne i sammenligning hermed, lad da heller ikke noget få plads i dit hjerte, som, når du droges og bøjedes hen til det, måtte forhindre dig i uhindret at ære hint gode, som er din eneste og rette ejendom. Thi ved siden af hint for tanken såvel som for viljen højeste gode bør intet stilles, som er af anden art, hverken folkegunst eller magt eller rigdom eller sanselig nydelse. Alle disse ting vil, når der skænkes dem den mindste agt, umærkeligt tage magten og føre på afveje. Vælg du derfor åbent og frit det bedste, og hæng fast derved. Det bedste er også det nyttige. Gavner det dit fornuftige væsen, hold det fast; men gavner det kun din sanselige natur, da lad det fare. Bevar fremfor alt dit omdømme uhildet, at du med den fornødne ro og besindighed kan prøve tingenes værd.

7.

Agt aldrig noget for at være dig nyttigt, som kunne medføre, at du blev troløs, tilsidesatte din æresfølelse, hadede dit medmenneske, mistænkte, forbandede, hyklede, eller rettede din attrå på noget, som behøvede at skjules bag en væg eller under et dække. Thi den, som har sat fornuften og sin genius og denne åndelige krafts dyrkelse over alt, sætter ikke nogen tragedie i gang, udstøder ikke sukke; han trænger hverken til ensomheden eller til folkevrimlen. Han har fundet det største: at leve uden at begære og uden at frygte. Om han i et længere eller i et kortere tidsmål skal nyde denne tilværelse, hvor sjælen er indesluttet i legemet, bekymrer ham kun lidet. Ja, skulle han endog forlade dette liv straks, går han bort så beredt, som når det gælder en anden af de gerninger, der lader sig udføre med fuld anstand og ro. Kun ét våger han stadigt over: aldrig at svigte sit kald som et fornuftigt væsen, der er bestemt til at leve i et samfund.

8.

I det menneskes sjæl, der er lutret ved streng tugt, findes ikke nogen fordærvelsens rod, ikke nogen besmittelse eller noget skjult onde, der som et sygdomsstof truer med at bryde frem. Heller ikke kan den sidste skæbne ramme en sådan i et øjeblik, da hans liv er ufuldendt, som når den tragiske skuespiller vil forlade scenen, førend hans rolle er udspillet og handlingen afsluttet. Hos ham findes ikke den slaviske tænkemåde eller det kunstlede væsen, hverken afhængigheden af andre eller den vilkårlige afsondring, ikke den uredelige bevidsthed, der skjuler sig for dagens fulde lys.

9.

Hold din forstand og dømmekraft i ære. På den beror, hvad der er hovedsagen, at ikke nogen anskuelse gør sig gældende hos dig, der strider imod naturen eller imod det fornuftbegavede væsens bestemmelse. Den fordrer af dig det uhildede omdømme, velvilje mod menneskene, lydighed mod guderne.

10.

Lad derfor alt andet fare, og fasthold alene hine få punkter. Erindr dig desuden vel dette, at det kun er det nærværende øjeblik, hvori et menneske lever, dette uberegneligt korte tidspunkt; den øvrige del af hans liv er enten allerede forbigangen eller som tilkommende uvis. Den tid, et menneske lever, er derfor som intet, og den krog på jorden, hvor han lever, som intet, ja, det længste eftermæle, han efterlader sig, er som intet, afhængigt af en række stakkels dødelige, der kun lever et døgn, som ikke engang kender sig selv, endnu mindre den, der forlængst er død.

11.

Til de omtalte grundsætninger bør endnu føjes én, denne nemlig: stedse at danne sig et tydeligt omrids og bestemt begreb om enhver ting, der er genstand for vor forestilling, så at vi erkender, hvad den er i og for sig, opfattet som selvstændigt hele, adskilt fra alt andet, og gør os rede for dens navn og navnene på de bestanddele, af hvilke den er sammensat og i hvilke den atter skal opløses. Thi intet hæver i den grad personligheden som denne ordnede og sikre erkendelse af enhver genstand for vor erfaring, når det altid står klart for os, til hvilken sfære genstanden hører, hvilken nytte den frembyder, hvilken betydning den har såvel for det store hele som for mennesket, denne borger i den højeste stad, i forhold til hvilken de andre stæder er som huse. Det gælder om at bestemme, hvad den genstand er, som opfylder min forestilling, hvoraf den er sammensat, hvor længe den efter sin natur skal vedvare, hvilken dyd jeg overfor den bør øve, om mildhed eller mod, sanddruhed, tillid, eftergivenhed, selvstændighed eller nogen anden. Ved ethvert tilfælde må vi kunne sige: dette kommer fra gud; dette sker ifølge den af skæbnen ordnede tingenes indre forbindelse og sammenkædning, eller det sker ved en hændelse, et sammentræf; dette er en handling af et menneske, der er af samme stamme, samme slægt, samme samfund som jeg, men som ikke véd, hvad naturens lov fordrer af ham; dog jeg véd det, og derfor omgås jeg det efter den lov, naturen har foreskrevet for samfundet, med velvilje og retfærdighed. Også i de ting, som regnes for ligegyldige, forholder jeg mig efter deres værd.

12.

Når du udretter den dig forelagte gerning, ufravigeligt følgende fornuftens bud, med nidkær iver og villig hu, og, uden at afledes ved bisager, alene beflitter dig på at bevare den genius, der bor i dig, ren, som om du i samme øjeblik skulle tilbagegive den; når du samler al din kraft herpå, og, uden at være optaget af frygt eller forventning, lader det være dig nok, at den gerning, du nu har at udrette, stemmer med naturens lov, og at al din tale er sanddru og frimodig: da skal du leve et lykkeligt liv. Og deri kan ingen hindre dig.

13.

Ligesom lægerne stedse har deres redskaber og instrumenter ved hånden, for i et uformodet tilfælde øjeblikkelig at kunne yde hjælp, således har du stedse lærdommene i beredskab, for at du kan forstå de guddommelige og de menneskelige ting, og ikke foretage dig noget, end ikke det mindste, uden at have begges inderlige forbindelse for øje: thi ingen som helst menneskelig sag lader sig rettelig fuldbyrde uden at henføres til det guddommelige, heller ikke omvendt.

14.

Lad dig ikke længere hilde i vildfarelse. Der vil hverken levnes dig tid til at gennemlæse dine mindeskrifter eller de gamle romeres og grækeres bedrifter og de uddrag af deres skrifter, du opbevarede for din alderdom. Il derfor mod målet, og hvis dit vel ligger dig på hjerte, opgiv da disse dårlige planer, og sørg for din egen frelse, medens det endnu er muligt.

15.

Man lægger ikke ret mærke til de forskellige betydninger, ord kan antage, som: at stjæle, at så, at købe, at hvile, at se, hvad der bør gøres. Til at iagttage dette hører nemlig et andet syn end det legemlige øjes.

16.

Mennesket har legeme, sjæl og ånd. Til legemet hører sanserne, til sjælen drifterne, til ånden tanke og vilje. Den evne at modtage sanselige indtryk har også kvæget; at sættes i bevægelse af drift og begærlighed er egent for vilde dyr og blødagtige mennesker, en Falaris, en Nero; at lade sig råde af forstanden i det blot udvortes sømmelige gør også de, der nægter gudernes tilværelse, forråder fædrelandet og foretager sig de skammeligste ting, når de er uden vidner. Medens nu alle andre evner er fælles, er det for den gode ejendommelige, at elske og glad modtage alt, hvad der beskikkes ham og af skæbnen er ham bestemt, aldrig at vanære den guddom, der bor i hans sjæl, men bevare dens fred uforstyrret af forestillingernes skiftende mangfoldighed, ydmygt følge dens vink, aldrig krænke sandheden i tale eller retfærdigheden i gerning. Selv om alle ville tvivle om, at en sådan fører sit liv oprigtigt, værdigt og med fred i sit hjerte, vil han vel ikke derfor vredes på nogen, men heller ikke lade sig bøje af fra den vej, der fører til livets mål, som man bør nærme sig ren, med fuld sindsro, beredt, villigt føjende sig efter sin skæbnes bud.

Fjerde bog

1.

Når ånden, den herskende magt i os, er hvad den efter naturens bestemmelse bør være, vil dens forhold til omverdenen være et sådant, at den uden vanskelighed vil kunne ordne sig overfor det givne og det mulige. Det, som er afsluttet, som viljen ikke kan have indflydelse på, har ikke betydning for den. Derimod kaster den sig med iver, men desuden med forbehold over det, der kan være et mål for friheden; og de hindringer, som vil lægge sig i vejen, betragter den kun som et middel til at øve kræfterne, ligesom ilden gør sig til herre over det stof, der kastes i den, og hvad der vil slukke den svagere ild, omspænder og fortærer den mægtige flamme, og luer desto stærkere i vejret.

2.

Gå ikke letsindigt til værks; men følg ved enhver handling de praktiske regler, der er uundværlige som rettesnor for den rigtige udførelse.

3.

De fleste ynder nu og da at trække sig tilbage i ensomhed, at tage ophold på landet, ved strandbredden, på bjerge; selv sætter du pris på denne behagelighed, og dog er intet besynderligere, da det til enhver tid står et menneske frit for at trække sig tilbage i sit eget indre, og noget roligere og mere uforstyrret tilflugtssted end vor egen sjæl gives der ikke, fremfor alt når den er således udrustet, at ét eneste blik i den hensætter os i den mest fuldkomne ro. Men ved „ro" forstår jeg ikke noget, der er forskelligt fra det sædelige liv. Nyd derfor ofte godt af denne ensomhed og vederkvæg dig derved. Korte og enkle bør de grundsætninger være, du bevarer i dit hjerte, og de vil øjeblikkeligt, når de træder dig i møde, gengive dig din ro og lade dig vende tilbage til det virkelige liv uden bittre følelser over noget, som dèr venter dig.

Og hvad er det vel, som volder dig kval? Er det menneskenes ondskab? Overvej da denne grundsætning: at alle fornuftige væsener er skabt for at stå hverandre bi; at det at tåle det onde er en del af retfærdigheden, at menneskene synder af uvidenhed; og betænk endelig, hvor mange de er, der har forfulgt hverandre med mistanke og had, med sværd og spyd, og nu ligger henstrakt i støvet, og du vil beroliges. — Eller er det den ulige fordeling af lykkens goder, der gør dig misfornøjet? Husk da på: enten et forsyn, eller alt er et værk af atomer; og fremdeles, hvor klart det blev godtgjort, at verden er at betragte som en stor stad. — Eller har du bekymring for dit legeme? Bemærk da, at når bevidstheden én gang har afsluttet sig i sig selv og erkendt sin egen magt, den da er uafhængig af den ånde, der i stærkere eller svagere pust opliver legemet, og husk tillige, hvad der er blevet dig lært om lyst og smerte, en lære, du jo har bifaldet. — Men måske er det ærens skin, der blænder dig? Forestil dig da, hvor snart glemselen kaster sit slør over alle ting; tænk på tidens endeløse strøm, der aldrig standser sit løb. Og hvad er vel klangen af et navn, og hvor foranderlige og overfladiske i deres domme er ikke de, der vil udbrede vor ros, og hvor snævert det rum, der omslutter den? Den hele jord er kun et punkt i universet, og hvor liden er atter den plet, vi bebor? Og hvor mange og hvordan er vel de, som her vil forherlige os?

Det gælder derfor om, at dette fristed i dit indre stedse står dig åbent, fremfor alt, at du hverken drages eller tvinges, men med frit blik ser på tingene, som det anstår en mand, et menneske, der er borger i et samfund, en dødelig skabning.

To grundsætninger gives der, som du fremfor andre stedse bør have for øje: denne nemlig, at tingene ikke kan berøre sjælen, men forbliver ubevægelige udenfor den, hvorimod det, som foruroliger os, alene grunder sig på en forestilling i vort indre; dernæst, at alle de ting, du ser, snart skal forandres og ikke mere være til. Også bør du stadigt betænke, hvor mange forandringer, du selv allerede har været vidne til. Verden er omskiftelse, livet forestilling.

4.

Når tænkningen er et for os alle fælles gode, da er også fornuften, som gør os til fornuftvæsener, fælles. Men er denne fælles, da er også den praktiske fornuft, som foreskriver os reglen for vore handlinger, fælles. Er dette givet, må der være en fælles lov; altså er vi hverandres medborgere, og der må være et rige, hvoraf vi er medlemmer. Forholder dette sig således, da er verden at betragte som en stad. Thi hvilket andet stort og fælles rige skulle vel ellers den hele menneskehed tilhøre? Fra denne fælles rod stammer altså både tænkningen, fornuften og sædelighedsloven. Ligesom nemlig det jordiske i mit væsen er taget fra noget jordisk, det flydende fra et andet element, det luftige har sin særegne kilde, og ligeledes varmen og det ildagtige, og i det hele intet er kommet af intet, og intet vender tilbage til intet, således må der også være noget, hvorfra den åndelige del af vort væsen er udgået.

5.

Med døden forholder det sig som med fødselen: begge er naturens hemmelighed. Denne er en forening, hin en opløsning af de samme elementer. Og heri er intet, der kan synes os uværdigt, intet, der strider mod det fornuftige væsens natur eller imod tilværelsens plan i det hele.

6.

Af sådanne mennesker kan man kun vente sådanne handlinger. Ikke at ville dette, er at ville, at figentræet ikke skal have saft. Men husk vel på, at om en stakket tid vil både du og hin anden være døde og eders navne ikke nævnes mere.

7.

Fjern forestillingen, og du vil ophøre at klage; når klagen er ophørt, vil også det onde selv være forsvundet.

8.

Hvad der ikke fordærver menneskets vilje, kan heller ikke fordærve dets liv eller tilføje det nogen skade, hverken indvortes eller udvortes.

9.

Det gavnlige er en ufravigelig lov i al den universelle naturs virken.

10.

At alt, hvad der tildrager sig, sker med rette, er noget, du ved nøjere eftertanke vil finde bekræftet; ikke blot nemlig, at alt foregår i en lovmæssig orden, men at det sker på retfærdig måde, som om et væsen tildelte enhver sit efter fortjeneste. Fæst derfor fremdeles som hidtil din opmærksomhed på dette forhold, og hav i alt, hvad du foretager dig, udelukkende for øje at være god, god i dette ords egentlige og sande betydning. Lad dette i al din gerning være en ubrødelig lov.

11.

Se ikke tingene fra det synspunkt, hvorfra fornærmeren ser dem, eller vil, at du skal se dem: men betragt tingene, som de i sandhed er.

12.

Lad disse tvende grundsætninger stedse være ledende for dig: først, at du ved enhver handling ene lader dig bestemme af det, som fornuften, denne øverste lovgiver, foreskriver dig som sigtende til menneskenes vel; dernæst, at du er villig til at opgive din egen mening, når nogen ved at oplyse dig kan bringe dig til at fravige din første tanke. Men denne forandring af anskuelse bør også kun da finde sted, når den anbefaler sig fra det retfærdiges og almennyttiges synspunkt, ikke på grund af det behagelige eller ærefulde.

13.

Du har jo fået fornuftens gave: hvorfor bruger du den da ikke? Når den gør *sit*, kan du jo ikke forlange mere.

14.

Du har levet og bestået som del af et hele; du vil atter gå op i det væsen, som har frembragt dig, eller rettere, du vil ved en forvandling blive optaget i den fornuft, som indeholder tilværelsens spirer.

15.

På det samme alter ligge mange røgelsestykker; om nogle forbrænder tidligere, andre senere, derpå ligger ikke vægt.

16.

Om ti dage vil de samme, som nu foragter dig og kalder dig et vilddyr og en abe, prise dig som en gud, såfremt du vender din hu til filosofiens lærdomme og fornuftens dyrkelse.

17.

Indret dig ikke, som om du skulle leve i tusinde år. Den sidste skæbne kommer uventet. Derfor, medens du endnu lever, medens lejligheden gives dig, vær god!

18.

Hvilken tryghed og ro bereder ikke den sig selv, som ubekymret om, hvad næsten siger eller gør eller har i sinde, kun agter på, at hans egen gerning må være retfærdig og gud behagelig, som

> „ukendt med lastens mørke sti
> sin bane følger frelst og fri.“

19.

Den, som har sat sit håb til et berømmeligt eftermæle, betænker ikke, at enhver af dem, der erindrer ham, snart selv må dø, både den første og den efterfølgende og hele rækken, indtil endelig erindringen selv udslukkes tillige med dem, der en stund forplantede den. Men sæt endog, at disse var udødelige, og altså også erindringen udødelig, hvad gavner da ros og berømmelse dig, jeg mener ikke, når du er død, men medens du er i live, medmindre du har beregnet dig nogen anden fordel deraf? På denne måde forsømmer du kun ubesindig den gave, naturen har nedlagt hos dig, og gør dig afhængig af andre.

20.

Alt, hvad der er skønt, er skønt ved sig selv og fuldendt i sig; den ros, der ydes det, udgør ikke nogen del af det; genstanden bliver hverken slettere eller bedre ved at roses. Dette gælder nu også om de genstande, som i almindelighed får navn af skønne, de legemlige ting og kunstens værker. Det i sandhed skønne trænger ikke til noget, ikke mere end loven og sandheden, ikke mere end godheden og kyskheden. Er vel nogen af disse blevet skøn ved at roses, eller misprydes de ved at lastes? Forringes smaragdens værd, når den ikke berømmes? Og nu guldet, elfenbenet, purpuret, dolken, blomsten, busken?

21.

Hvis sjælene vedvarer, hvorledes, må man spørge, har da luften været i stand til fra evighed af at rumme dem alle? Men hvorledes har på den anden side jorden kunnet give plads til alle de legemer, der gennem uendelige tider er blevet begravet i den? Ligesom nu disse sidste efter nogen tids forløb ved forvandling og opløsning giver plads for andre døde legemer, således sker det også med sjælene, der er hensat i luften, at de, efter at have dvælet dèr i nogen tid, forandrer sig, udvides og forbrænder, og ved at optages i den skabende grundkraft på denne måde giver rum for dem, der på ny får bolig i hine egne. Denne forklaring kan tjene til støtte for antagelsen af sjælenes vedvaren. Og her bør ikke alene mængden af de således begravede legemer tages i betragtning, men også de dyr, der hver dag spises af os og af andre dyr. Hvor stort er ikke antallet af dem, der fortæres og således på en måde begraves i deres legemer, som ernæres af dem; og dog finder de plads, idet de omdannes til blod, til luft- og ildagtige stoffer. Men granskningen over disse spørgsmål fører os i hovedsagen tilbage til adskillelsen mellem materien og den til grund liggende årsag.

22.

Ikke lade sig drage hid og did; men underlægge enhver viljesytring retfærdighedens lov og holde forestillingslivet under tænkningens tugt.

23.

Alt hvad der er skøn orden for dig, o verden, er også fuldt af orden for mig; intet kommer mig for tidligt eller for sent, hvad du har modnet i rette tid; alt hvad dine årstider frembringer, er en sød frugt for mig; alt kommer fra dig, alt lever i dig, og alt vender tilbage til dig. O, du elskede Cecrops' stad! udbryder hin i tragedien, og du skulle ikke udbryde: O, du elskede Jupiters stad!

24.

Tag dig ikke mange ting for, har man sagt, såfremt du vil leve tilfreds. Rettere burde det vel hedde: Foretag dig kun det, som er nødvendigt, og som fornuften foreskriver et væsen, der er bestemt til at leve i samfund med andre, og udfør det således, som den foreskriver det. Derved vil vi nemlig skaffe os både den tilfredshed, der følger af at handle ret, og den, der følger af at handle lidt. Ganske vist vil vi, når vi udelukker det meget unødvendige, vi både siger og gør, leve langt mere rolige og tilfredse. Ved enhver lejlighed spørger man derfor sig selv: „Er dette ikke af det unødvendige?" Ja, ikke blot de unødvendige handlinger, også de unødvendige tanker bør vi undgå. Undgår vi de sidste, vil de første udeblive af sig selv.

25.

Forsøg engang — måske vil det også lykkes for dig — at leve dit liv som det gode menneske, der er tilfreds med den lod, det har fået til del af altilværelsen, og som intet begærer uden dette, at dets egen gerning må være retfærdig og dets sind velvilligt imod alle.

26.

Bifalder du dette, da tag endnu følgende i agt. Bevar din sindsro; før dit liv oprigtigt. Fejler nogen i sin opførsel imod dig, hans fejl er hans egen skade. Møder noget dig uventet, også det er godt; thi alt, hvad der hændes dig, er forud bestemt af altilværelsen og er en tråd i skæbnens væv. Hovedsummen er denne: livet er kort, grib øjeblikket, overlæg besindigt, handl retskaffent. Udhvil dig, våg over dig selv.

27.

Enten er verden et ordnet hele, eller et kaos. En sammendynget hob, vil du sige; men den er dog en verden. Også i dit indre kan jo findes en ordnet verden, og i alnaturen omkring dig skulle kun herske idel forvirring, og det, uagtet alt i den, selv det spredte og sondrede er så harmonisk samstemmende!

28.

Fordærvede naturer, blødagtige, halsstarrige, dyriske, sløve, barnagtige, dumme, troløse, nedrige, selviske, tyranniske.

29.

Når den er at kalde en fremmed i verden, som ikke kender de ting, der er i verden, da er den ikke mindre fremmed, der ikke forstår, hvad der sker i verden. En flygtning er den, der unddrager sig fra det borgerlige samfundsliv; en blind er den, der tillukker sin forstands øjne; en tigger den, som trænger til andre og ikke forstår selv at tilvejebringe alt, hvad der er fornødent til livet; en sygelig udvækst på samfundslegemet er den, som afsondrer sig selv og løser sin forbindelse med den fælles fornuftige natur, fordi han ikke kan forlige sig med livets vilkår, selvom disse stammer fra den samme kilde, hvorfra han selv har sit udspring; et fra den fælles stad løsrevet lem er den, der skiller sin sjæl fra det samfund, der i sin enhed omfatter hans og alle fornuftige væseners sjæle.

30.

Denne ejer ikke en tunika, men er ikke desto mindre filosof; hin er det uden at have en bog; denne anden går halvnøgen. „Jeg har ikke brød," siger han, „men jeg følger tro fornuften." „Og jeg er den tro," siger en anden, „uden at behøve den næring, videnskaben byder."

31.

Elsk den ringe kunst, du har lært, og find i den din tilfredshed; og lev for øvrigt dit liv som den, der af ganske hjerte har overladt alt sit til gudernes forsorg uden at ville være noget menneskes herre eller træl.

32.

Betragt engang de forgangne tider, Vespasianus' fx. Altid vil du få det samme at se, folk, som gifter sig, opdrager deres børn, bliver syge og dør; mennesker, som fører krig, holder fester, driver handel, dyrker jorden; som er smigrere, opblæste, mistænksomme; som efterstræber andre og ønsker deres undergang, som klager over tiderne, som elsker, som ophober rigdomme, bejler til konsulater og kongekroner. Og af alle disse menneskers liv er nu ikke spor tilbage. Gå derfra over til Trajans tider; atter det samme syn, den samme forgængelighed. Ja, betragt hele tidsaldre og folkefærd, hvis erindring historien har forplantet, og se, hvor mange de var, der stred møjsommeligt for snart derpå at bukke under og vende tilbage til deres støv; og fremfor andre genkald i din erindring dem, du selv har set jage efter skygger, i stedet for uafbrudt at hellige deres kræfter til udviklingen af de dem betroede evner og lade dette være dem nok. En ting er det her nødvendigt at være opmærksom på, nemlig, at den flid, der anvendes på en sag, er nøje afvejet efter sagens eget værd og står i harmonisk forhold til det. Du vil da undgå fortrydelse over at have beskæftiget dig mere end tilbørligt med småting.

33.

Der gives ord og talemåder, der fordum var på alles læber, men nu til dags trænger til at tydes. På lignende måde forholder det sig med navne, der engang var højt priste, men nu klinger som en forældet og uforstået tale. Kamillus, Caso, Volesus Leonnatus, og kort tid derefter Scipio og Cato, dernæst Augustus og senere Hadrian og Antoninus, alle disse navne er ikke længere i folkemunde; de lyder nu næsten som et sagn, og snart vil de være begravet i glemsel. Og her taler jeg om sådanne, hvis navne engang strålede i vidunderlig glans; thi hvad de andre angår, de har næppe udåndet, og ingen kender dem eller spørger mere om dem. Hvad er da, når alt kommer til alt, en evig ihukommelse andet end et tomt blændværk? Og hvorhen bør vi derfor rette vor stræben? Mod ét alene, nemlig dette: at vor tænkemåde må være retskaffen, vore handlinger sigtende til alles gavn, vor tale uden svig og vort sind således skikket, at vi tilfredse møder alt, hvad der times os, som noget nødvendigt, noget beslægtet, udsprunget fra den samme kilde, af hvilken vi selv er kommet

34.

Giv dig villigt hen til skæbnen, og overlad til Parcen at slynge tråden i den væv, hvori dit livs begivenheder er indflettet.

35.

Alt i verden forgår hastigt, både den, der udbreder ens navn og navnkundigheden.

36.

Al tilblivelse foregår ved forvandling. Det er en iagttagelse, der trænger sig på af sig selv, at naturen intet elsker højere end at forvandle de ting, som er, og deraf danne nye af lignende art, så at alt værende på en måde er at betragte som spiren til det, som skal vorde. Kun at anse det, der nedlægges i jorden eller i moderskødet, for en spire, røber stor indskrænkning.

37.

Om få øjeblikke er du ikke mere, og endnu lever du ikke dit liv oprigtigt, uforstyrret af lidenskab, forvisset om, at det, som rammer dig udefra, ikke han skade dig, sagtmodig i omgængelse, overbevist om, at ene retfærdighed er den sande klogskab.

38.

Lad de vises eksempel lyse for dig, og lær af dem, hvad der er at undfly og hvad der er at eftertragte.

39.

Årsagen til det onde, du lider, findes ikke i en andens sjæl, ikke heller i nogen veksel og forandring i det din sjæl omgivende legeme. Hvor findes den da? I dit indre, dèr hvor dommen fældes om, hvad der er ondt. Hold denne tilbage, og alt er vel. Om derfor end dit stakkels legeme, som er så nær forbundet med dit bevidste liv, lemlæstes, brændes, bedækkes med bylder og sår, bør dog den del af dit væsen, som dømmer om disse ting, forblive i fuldkommen ro, det vil sige, den bør mene, at det, der lige så vel kan ramme den onde som den gode, i sig selv hverken er ondt eller godt. Thi hvad der uden forskel hændes den, der lever i overensstemmelse med naturen, og den, der ikke gør det, det er hverken efter naturens love eller stridende imod dem.

40.

Verden er at betragte som ét eneste levende væsen, der består af én substans og én sjæl, så at alt samler sig i én fælles bevidsthed, og alt sættes i bevægelse af én fælles kraft, medens det ene medvirker til frembringelsen af det andet, og den nøjeste forbindelse og sammenkædning finder sted.

41.

Mennesket er, som Epiktet har sagt, en skrøbelig sjæl, der bærer på et dødt legeme.

42.

At være forvandling underkastet i sin tilbliven og i sin bestaen er i sig selv hverken et onde eller et gode.

43.

Tiden er som et bølgende hav, en rivende strøm, der fører alt bort med sig. Næppe er en ting kommet til syne, før den forsvinder og følges af en anden, der lige så hastigt rives bort.

44.

Alt, hvad der møder os, er noget så tilvant og vel kendt som vårens rose og sommerens modne frugt. Sådan er også sygdom og død, hån og forfølgelse og alt, hvad der snart fryder, snart smerter dåren.

45.

Det forudgående og det, som følger efter, slutter sig til hinanden i en inderlig forening. Det er ikke en samling af ting, der kan tælles og som alene holdes sammen ved tvang, men det ene svarer til det andet efter en lagt plan; og ligesom de tilværende ting er harmonisk sammenordnede, således også de ting, som er i vorden; de er ikke sammenknyttede ved en blot efterfølgen, men åbenbarer en beundringsværdig indre sammenhøren.

46.

Hvad Heraklit lærte, at tingener dør, når de forvandles: jord, når den forvandles til vand, vandet, når det forvandles til luft, denne ved at forvandles til ild, og omvendt, er fuld opmærksomhed værd; men ved siden heraf bør — hvad ofte forsømmes — lægges vægt på at kende det praktiske mål, der er sat os. Thi der gives dem, der uophørligt sysler med den fornufttanke, der går igennem hele tilværelsen, men i gerning er vidt fjernet fra den, så at de står som fremmede overfor de ting, hvormed vi daglig har at gøre. Men vi bør jo dog ikke i vor tale og handling bære os ad, som gik vi i drømme — thi også i søvne synes vi jo både at tale og handle. Heller ikke bør vi være som umyndige børn, der foretager sig alt, hvad de gør, på andres ord, alene fordi det er dem således foresagt.

47.

Hvis en gud forkyndte dig, at du skulle dø i morgen, eller i hvert fald i overmorgen, da ville du vel ikke, medmindre du var af den foragteligste tænkemåde, regne denne opsættelse for nogen stor vinding. Dertil var jo fristen alt for kort. På samme måde er det dig uden forskel, om du skal dø efter års forløb eller den dag i morgen.

48.

Lad din tanke ofte dvæle ved døden. Tænk på alle de læger, der så mange gange med højst alvorlige miner har siddet hos deres syge, og nu selv er døde; alle de stjernetydere, der med stort bram har forudsagt andres død, som var det et helt vidunder; alle de filosoffer, der har forfattet afhandlinger om død og udødelighed i hobetal; alle de hærførere, som har bragt død og undergang over tusinder; alle de despoter, der med fnysende overmod har opkastet sig til herrer over liv og død, som var de selv udødelige; alle de steder, der, så at sige, er bortdøde: Helike, Pompeji, Herkulanum og utallige andre. Gennemgå tillige i dine tanker de mange, du selv har set, en efter en, begrave deres nærmeste og derpå selv blive lagt i jorden, nu denne, nu hin, og så snart efter hverandre. Alt vil du se samstemme i vidnesbyrdet om de menneskelige tings forkrænkelighed og ringhed. I dag endnu i live, i morgen et lig, en askehob. Lev derfor disse så uberegneligt korte levedage i overensstemmelse med naturen, at du må skilles herfra i fred, som den modne oliven falder til jorden, velsignende den, som frembragte den, taknemmelig imod grenen, som bar den.

49.

Vær som klippen i havet, hvor bølgerne uophørligt bryder sig. Urokkelig står den, mens de brusende vande lægger sig til hvile ved dens fod.— Jeg ulykkelige, udbryder du, nu da dette er hændt mig! Nej, sig hellere: Lykkelig er jeg, at jeg trods dette, som hændtes mig, er forblevet fri for smerte, hverken

bøjet af det nærværende eller ængstet for det tilkommende;
thi dette kunne vel være hændt enhver, men ikke enhver hav-
de formået at bære det uden nag. Og hvorfor kalder du da det
ene en ulykke, det andet en lykke? Vil du i virkeligheden anse
noget, som ikke medfører, at den menneskelige natur forfej-
ler sit mål, for en ulykke for mennesket? Eller mener du, at
noget, som ikke strider imod den menneskelige naturs vilje,
kan føre den bort fra sit mål? Men hvad der er dens vilje, ved
du jo. Kan vel nogen skæbne forhindre dig i at være retfær-
dig, højsindet, besindig, klog, selvstændig, sanddru, sædelig,
fri, eller i at have nogen anden egenskab, som må befindes ret
egentlig at tilhøre den menneskelige natur i dens sandhed? Så
ofte derfor noget indtræffer, der kan bringe smerte over dig,
forsøm ikke at sige til dig selv: Dette er ingen ulykke, men at
bære det med fast mod, er en lykke.

50.

Det er vistnok et såre enfoldigt, ikke desto mindre ret virk-
somt middel til at bestyrke os i foragt for døden, at forestille
sig de mennesker, der aller stærkest har klamret sig til dette
nærværende liv. Hvad har de vel haft forud for dem, der reves
tidligt bort? De ligger jo nu alle i deres grave: Kadikianus.
Fabius, Julianus, Lepidus og hvem vi ellers kunne nævne. Da
de havde set så mange dø, slog endelig også *deres* time. Den
tid, de vandt, var jo så såre liden; og under hvilke møjsomme-
ligheder, i hvilke omgivelser, i hvilket skrøbeligt legeme måtte
de ikke gennemleve den? Regn det derfor for intet. Se, den
uendelige tid ligger bagved, og foran atter en uendelighed.
Hvad forskel er der da vel på at leve tre dage og at leve tre
århundreder?

51.

Følg stedse den korteste vej. Den korteste er den, der stemmer med naturen, når vi lader den sunde sans råde over alt, hvad vi tænker og gør. Bliver vi denne beslutning tro, vil vi befris fra mangen strid og plage, for pinlig beregning og tom forfængelighed.

Femte bog

1.

Vågner du om morgenen og har ikke lyst at stå op, hav da straks dette ord rede: Jeg vågner for at udrette min gerning som menneske. Tør jeg da være fortrædelig, når jeg kaldes til at udføre det, for hvis skyld alene jeg er blevet til og har fået min plads i verden? Eller er jeg skabt for at ligge og strække mig i min varme seng? — Men det er så behageligt. — Er du da blevet til for at nyde behagelighed, ikke for at arbejde og anstrenge dig? Ser du ikke, hvorledes alle skabninger, spurven, myren, edderkoppen, bien udfører hver sin del af arbejdet i verden, og du vil ikke gøre det, der er dig anvist som menneske? Du iler ikke til den gerning, der stemmer med din natur? — Jo, men vi bør jo også tage hvile. — Nuvel, men også herfor har naturen sat mål og grænse, ligesom for at spise og drikke; men i disse ting overskrider du netop målet og nøjes ikke med det fornødne, hvorimod du, når det gælder om at arbejde, holder dig tilbage og udretter ikke alt, hvad du evner. Du elsker ikke dig selv, ellers ville du også elske din natur og dens krav. Andre, som elsker deres kunst, fortaber sig så ganske i deres arbejde, at de forsømmee både renlighed og spise. Du agter din natur ringere end drejeren sit håndværk, danseren sin kunst, gnieren sit guld og den ærgerrige ros og berømmelse. Disse forfølger deres mål med en sådan lidenskab, at de hverken bryder sig om søvn eller føde, når de blot kan fremme det værk, der ganske optager dem. Dig derimod forekommer arbejdet i det menneskelige samfunds tjeneste at være noget langt ringere, der ikke er så megen iver værd.

2.

Hvor let er det ikke at fjerne og ganske udslette enhver trykkende eller ubehagelig forestilling, og gengive sindet fuldstændig hvile og ro?

3.

Agt ikke nogen tale eller handling, der stemmer overens med naturen, for at være dig uværdig, og lad dig ikke besnære af de dadlende ord, du vil få at høre af andre, frygt aldrig for at have skam af noget, du har sagt eller gjort, når det i sig selv er smukt og godt. Hine har deres egen tænkemåde og ledes af deres egne følelser; dertil skal du ikke tage hensyn, men gå frem ad den lige vej, og følg den lov, som din egen og den almenmenneskelige natur foreskriver. Begge fører de dig i virkeligheden ad den samme vej.

4.

Jeg vandrer ad den vej, naturen kar vist mig, indtil jeg falder hen og går til hvile, udåndende i den luft, som jeg dagligt har åndet, synkende tilbage i den jord, hvoraf min fader hentede spiren til mit væsen, min moder sit blod, min amme sin mælk, den jord, som i så mange år hver dag gav mig spise og drikke, som bar mig for hvert skridt, jeg tog, og som jeg har misbrugt på så mange måder.

5.

Lad være, at du ikke udmærker dig ved stor skarpsindighed, så gives der dog andre dygtigheder, hvorom du ikke med grund kan sige, at du mangler anlæg for dem. Lad da disse egenskaber, som ganske beror på dig selv, også træde frem. Vis dig sandhedskærlig, værdig, standhaftig, uden nydelsessyge, uden bitterhed mod skæbnen, nøjsom, venlig, fri, beskeden, alvorlig, højsindet. Bemærker du ikke her, hvor mange herlige egenskaber det havde stået i din magt at lægge for dagen uden at turde undskylde dig med mangel på evner og anlæg, og dog er du med fuld frihed forblevet så dybt under målet. Eller, når du er gnaven, er karrig, en smigrer, en træl af legemet, selvbehagelig, storpralende, forfængelig, er alt dette da en uundgåelig følge af din uheldige udstyrelse? I sandhed, nej! Du kunne tværtimod, om du end er nok så tungnem, for længe siden være befriet for alle disse skrøbeligheder, hvis du havde ansporet al din iver og ikke havde lukket øjnene for din egen svaghed, eller måske endog fundet behag i den.

6.

Der gives dem, der ikke kan bevise deres medmenneske en velgerning uden straks at ville have det betalt; andre går vel ikke så vidt, men de betragter dog den, de har gjort vel imod, som en skyldner, og husker alt for godt, hvad de har gjort; men så gives der da også sådanne, som på en måde slet ikke véd, hvad de har gjort, ligesom vinranken, der har båret sin drueklase, ikke søger noget ydermere, efter at den én gang har frembragt den frugt, der er ejendommelig for dens natur. Hesten, der bærer rytteren, hunden, der opsporer vildtet, bien, der laver sin honning, det gavmilde menneske, udråber ikke for alverden, hvad de har gjort, men går roligt over til det næste, ligesom vinranken bereder sig til at bære sin frugt på ny, når tiden dertil er for hånden. — Du mener altså, at man skal være som hine og ikke vide, hvad man selv gør? — Ja, ganske vist. — Men netop dette bør man jo vide. Man siger jo dog, at det er ejendommeligt for den, der opfatter sig som del af et samfund, at vide, at han handler med hensyn til samfundet, og, ved Jupiter! en sådan må da også ønske, at hans medmennesker erkender det. — Hvad du der siger, er ganske sandt; men du opfatter ikke, hvad jeg nys sagde, i den rette mening, og du kommer derfor til at høre til den klasse mennesker, jeg har omtalt. Thi også disse vildledes af en fejlslutning. Forstår du mig kun ret, behøver du ikke at frygte for, at du på denne måde skal komme til at forsømme nogen handling, der sigter til andres vel.

7.

Athenienserne bad: Lad det regne, kære Zeus! Lad det regne på atheniensernes marker og enge! Enten bør man slet ikke bede, eller bede således, simpelt og ædelt.

8.

Ligesom man i sygdomstilfælde plejer at sige, at Asklepios har anordnet for denne at ride, for en anden at tage kolde bade eller at gå barfodet, ganske på samme måde kan man sige, at alnaturen har for denne eller hin anordnet sygdom, legemsbeskadigelse, tabet af hans nærmeste eller noget andet lignende. Når vi i hint tilfælde taler om det, der er anordnet, tænker vi på noget, der er tjenligt for sundheden; i dette tilfælde mener vi, at det, som hænder, er anordnet således, fordi det hører til den skæbne, der er bestemt for den enkelte. Vi bruger da udtrykket, at det har „føjet sig" således, ganske på samme måde, som bygmestrene siger om de kvadersten, de anvender i mure og pyramider, at de „føjer sig" sammen, når de slutter sig til hverandre i sammensætningen. Der gives nemlig én harmoni, der omfatter det hele. Thi ligesom alle de enkelte legemer tilsammen danner det store hele, som er verden, således samler også de enkelte årsager sig i én fælles årsag, som er skæbnen. Også den simple og udannede mand forstår meget godt, hvad jeg her siger, når han bruger udtryk som disse: „Det er nu således blevet hans lod," — „Det er blevet ham således beskikket." — Lad os derfor tage imod, hvad der tildeles os, ligesom vi tager imod de lægemidler, Asklepios foreskriver os; de er vel mangen gang bittre, dog tager vi dem gerne i håb om helbredelse. Betragt derfor, hvad der tjener til iværksættelsen af naturens almindelige formål på samme måde, som du betragter dit helbred, og selv om det skulle synes dig hårdt, byd alt, hvad der sker, velkommen, eftersom det har verdens sundhed til mål og den lykkelige fremgang af Jupiters værk. Var det ikke til gavn for det hele, ville det ikke have tildraget sig således; naturen vil ikke lade tilfældet forstyrre den plan, hvorefter verden styres.

To grunde gives der således, hvorfor du bør elske det, der times dig. Først denne: fordi det sker for *din* skyld, fordi det er anordnet netop med hensyn til dig, fordi det ovenfra af den ærværdigste årsag er fastsat i begivenhedernes række, at det skulle tilfalde *dig* således. Dernæst denne: fordi det, som hændes den enkelte, for verdensstyreren betinger hans plans lykkelige udvikling og fuldbringelse, ja selve dens beståen. Det er derfor at bryde helheden og fuldstændigheden, når du løsriver nogen som helst enten bestanddel eller årsag af dens forbindelse og sammenkædning. Men dette gør du i virkeligheden, så vidt det står til dig, når du er misfornøjet med tingenes orden og således på en måde tilintetgør den.

9.

Tab ikke lyst og mod. Fortvivl ikke, hvis det ikke altid lykkes dig at handle efter de rette grundsætninger. Må du end lide nederlag, forny kun dine anstrengelser, bevar kærligheden til din opgave, og glæd dig, jo mere dine handlinger får præg af den ægte menneskelighed. Vend dig ikke til filosofien som til en tugtemester, men gå til den, ligesom den øjensvage tyr til svampen og æggehviden, en anden betjener sig af et plaster eller en overgydelse. Det vil da ikke blive dig en tvang at lyde fornuften, men du vil finde hvile i den. Du véd jo, at filosofien kun vil det, som din natur vil; vil du da noget andet, som ikke stemmer overens med naturen, og er noget andet vel behageligere? Lysten vil forføre med sine tillokkelser; men betænk vel, om noget er at foretrække for højmodighed, frihed, venlighed, godhed, hellighed. Gives der vel noget herligere gode end klogskab, når vi derved forstår den åndens kraft og klarhed, der sætter os i stand til at bevæge os let og uden anstød under alle forhold?

10.

Der hviler et sådant mørke over alle ting, at ikke få filosoffer, endog de betydeligste, har anset tilværelsen for aldeles uforklarlig; også for stoikerne er meget en uløselig gåde. De anskuelser, vi giver vor tilslutning, er stadigt udsat for forandring; thi hvor findes vel den mand, som ikke har skiftet mening? Betragt engang de forhold, hvorunder vi lever; hvor flygtige og usle er de ikke, prisgivne, når det skal være, for en vellystnings, en letfærdig kvindes, en forbryders luner? Eller betragt sæderne i den nærværende tid, hvor man har ondt ved at fordrage selv den elskværdigste, for ikke at sige, at de fleste næppe kunne holde det ud med sig selv. I dette mørke og smuds, i denne ustandselige hvirvel af alt i tidens og tingenes verden véd jeg næsten intet, som kunne være vor agtelse eller på nogen måde vor deltagelse værd. Nej, den eneste trøst, der levnes os, er den, at vente på den naturlige opløsning, og, om tiden bliver lang, have tålmodighed og slå sig til ro med den forvisning, at intet kan hændes, som ikke er efter alnaturens love, og at ét står til mig: intet at gøre, som strider imod min guds og min genius' vilje. Thi til at overtræde denne kan ingen tvinge mig.

11.

Hvortil bruger jeg nu min sjæl? Dette er et spørgsmål, som vi ved enhver lejlighed bør forelægge os selv. Vi bør undersøge, hvad der til enhver tid foregår i den del af vort væsen, som vi kalder den ypperste, og spørge os selv: Hvis sjæl har du nu i dette øjeblik? Er det et barns sjæl eller en ynglings, en kvindes eller en tyrans, et tamt dyrs eller et vildt dyrs?

12.

Hvorledes de goder er beskafne, som mængden holder for sådanne, røber sig af sig selv. Den nemlig, som har lært at agte de sande goder, såsom klogskab, besindighed, retfærdighed, tapperhed, kan ikke roligt være vidne til, at de nævnes i forbindelse med noget, der ikke samstemmer med det værd, de besidder. Anderledes forholder det sig, når talen drejer sig om de ting, som mængden anser for goder. Da kan den komiske digter frit spotte, og hvad han siger, optages af villige øren som højst passende bemærkninger. Og mængden er sig også selv denne forskel bevidst; den ville ellers tage anstød og frabede sig, hvad den anså for upassende. Men hvad der siges om rigdom og de lykkens goder, som består i pragt og den ydre anseelse, optager vi som fin og vittig skæmt. Spørg dig selv, om slige ting fortjener at agtes og anses for goder, hvorom en komiker frit kan sige, at deres ejer for lutter velstand næppe har rum til et aftrædelsessted.

13.

Form og materie er mit væsens bestanddele. Ingen af disse to forsvinder og bliver til intet, ligesom de heller ikke er blevet til af intet. Men enhver del af mit væsen vil ved forvandling gå over i en del af verden, og denne vil atter omdannes til en anden del af verden, og således i det uendelige. Ved en sådan forvandling er jeg blevet til, og mine forældre før mig, og således tilbage i en anden uendelighed. Der lader sig ikke indvende noget imod denne forestilling, om end verdenslivet i sin udvikling gennemløber bestemt afgrænsede perioder.

14.

Fornuften og videnskaben om tænkningen er virksomheder, der selv skaber indhold og form, og selvstændigt løser deres opgaver. De går ud fra et dem tilhørende princip og skrider regelret frem mod målet. Derfor kaldes de „rette handlinger", fordi de anviser den rigtige vej.

15.

Intet er menneskets sag, som ikke væsentligt angår det som menneske. Det er ikke noget, der kan fordres af mennesket, eller noget, den menneskelige natur lover, det hører ikke til dens fuldkommenheder; menneskets mål ligger således ikke deri, og det er heller ikke noget gode, der bringer det målet nærmere. Var det så, da kunne vi ikke sige, at det var menneskets pligt at foragte disse ting; vi kunne ikke rose den, som viser, at han ikke behøver dem; var disse ting goder, ville den, som giver afkald på dem, ikke være god. Men nu er mennesket netop desto bedre, jo mere det afholder sig fra disse ting og ikke føler noget savn, når de berøves dem.

16.

De forestillinger, du hyppigst nærer, give sindet dets præg; sjælen gennemtrænges af dem og ligesom indsuger dem; lad den derfor stedse blive næret af tanker som disse: hvor som helst du lever, kan du leve vel; lever du ved hoffet, kan du altså også dèr leve vel og som det sig bør. Og fremdeles: Ethvert væsens natur er indrettet efter et vist øjemed, til dette drages det hen; men hvor det drages hen, findes også dets mål, og det, som er dets mål, er også det, som er det gavnlige og gode for det. Men det gode for de fornuftige væsener er samfundslivet. Thi at vi er blevet til for at leve i et samfund er tidligere godtgjort. Eller er det ikke indlysende, at de lavere væsener er til for de højeres skyld, og at disse er til for hverandre indbyrdes? Men de besjælede væsener står over de ubesjælede, og blandt de første er atter de fornuftige skabninger de ypperste.

17.

At ville det umulige, er vanvid. Men at slette mennesker skulle handle anderledes, end de gør, er umuligt.

18.

Alt hvad der beskikkes et menneske, er det udrustet med kræfter til at bære. Ofte se vi den tankeløse eller den, der kun vil glimre med sin sjælsstyrke, gå rolig og uskadt gennem prøvelserne. Men forunderligt må det synes, når uvidenhed og forfængelighed formår mere end forstand og besindighed.

19.

Tingene uden om os berører ikke på nogen måde sjælen; de har ingen adgang til den; de kan hverken forandre den eller sætte den i bevægelse. Sjælen råder alene over og bestemmer alene sig selv. Efter den dom, den mener at burde fælde over tingene udenfor sig, bestemmer den selv den betydning, den vil tillægge dem.

20.

For så vidt som jeg skylder mit medmenneske at omgås det med velvilje og overbærenhed, er det fra denne side set et med mig inderligt og nært forbundet væsen. Træder det derimod hindrende i vejen for min pligtmæssige handlen, bliver det at betragte som en af de ligegyldige ting, ganske som solen, vinden, dyret. Disse kan vel standse min virksomhed udad; men for min tankes og viljes frihed gives der ingen hindringer, eftersom jeg kan unddrage mig dem og omdanne dem. Thi alt, hvad der vil modstå min frie virken, omdanner tanken og leder i en retning, der tjener dens formål, og således må det, som vil standse min virken, befordre den, og hvad der vil spærre vejen, må åbne den.

21.

Lad det, som er det ypperste i tilværelsen, være genstand for din ærefrygt, det nemlig, der bruger alt det øvrige som sine midler og styrer det hele; og ikke mindre skal du ære det, der i dit eget væsen er det højeste, thi også i dig findes der det, som er beslægtet med hint, noget, som bruger det øvrige for sine øjemed, og hvoraf dit liv styres.

22.

Hvad der ikke er til skade for staten, skader heller ikke borgeren. Anvend stedse denne regel, når du mener at have lidt nogen skade: Har samfundet ikke taget skade deraf, da har jeg ikke heller. Men selv når der er tilføjet staten nogen skade, bør man ikke vredes på den, der har forøvet den, men søge at belære ham om hans forseelse.

23.

Hold dig stadigt for øje den hastighed, hvormed alt det, som er eller bliver til, atter rives bort og forsvinder. Tilværelsen ligner en flod, der er i uafbrudt strømning. Naturens kræfter fremtræder i stedse skiftende former, og de virkende årsager antager utallige skikkelser. Så godt som intet holder stand, og foran dig åbner sig et uendeligt svælg, hvori alt det forbigangne og tilkommende finder sin grav. Hvor dårligt måtte ikke det menneske være, der kunne hovmode sig under sådanne forhold eller ville jamre som en plaget mand, når han véd, at al sorg dog varer så kort.

24.

Tænk på det hele store univers og den ringe del deraf, som er blevet din; tænk på alle tiders uendelighed og de få og flygtige øjeblikke, der er blevet dig tilmålt; tænk på den skæbne, der omfatter alt, og så den lille lod, der er tilfaldet dig.

25.

Om nogen forser sig imod dig, det får være hans sag. Han har sin egen tænke- og handlemåde. Også jeg har min, således som alnaturen har givet mig den, og jeg tænker og handler således, som min natur netop nu kræver det af mig.

26.

Lad den del af dit væsen, der er bestemt til at føre herredømmet, forblive fast og urokkelig overfor enhver fornærmelse i din sanselige natur, den være smertelig eller behagelig. Lad den ikke blande sig deri, men omgærde sig selv og vise hine heftige rørelser tilbage til lemmerne. Forplanter de sig derimod på grund af sjælens og legemets enhed ved en art samliden til tanken, bør man ikke forsøge at gøre dem modstand, da de er naturlige. Kun at den herskende del af vort væsen ikke dertil knytter forestillingen om noget gode eller noget onde.

27.

At leve sit liv med guderne. Det gør den, der uafbrudt lader dem se en sjæl, som er tilfreds med det, der bliver den tildelt, og handler, som hans genius byder, denne ledsager og fører, som Jupiter har givet enhver, en del af ham selv. Men dette guddommelige er ethvert menneskes forstand og fornuft.

28.

Vredes du på et menneske, fordi han stinker som en ged, eller fordi han har en ildelugtende ånde? Hvad kan han gøre derved? Sådan er hans legemes naturlige beskaffenhed, og følgerne er uundgåelige. Anvend nu dette på det sædelige. — Men, siger du, mennesket har jo fornuft; når han bruger den, må han kunne indse, hvad der fejler ham. — Meget vel. Altså har du også selv fornuft. Stræb da ved din fornuftige adfærd at fremkalde en lignende hos ham; belær ham ved dit eksempel, påmind ham. Hører han dig, har du helbredt ham, og du har ikke nødig at vredes, behøver hverken højtravende talemåder eller smigertone.

29.

Således som du agter at leve dit liv med tanken fæstet på din udgang af verden, må du også kunne leve i dine nuværende omgivelser. Gøres det dig umuligt, vælg da at forlade livet uden at mene, at dermed hændes dig noget ondt. — „Her er røg i huset, jeg går herfra." — Er det vel noget at gøre væsen af. Men så længe intet sådant driver mig bort, bliver jeg og gør brug af min frihed, og ingen skal hindre mig i at gøre, hvad jeg vil. Men det, jeg vil, er at leve, som et fornuftigt og for samfundslivet bestemt væsens natur kræver.

30.

Igennem hele naturen går en samfundsstiftende tanke. De lavere væsener har den frembragt for de højeres skyld og forenet disse med hverandre indbyrdes. Det ses tydeligt, hvorledes naturen i sin virken stadigt har for øje at underordne og at sammenordne, at give enhver skabning *sit* i forhold til dens værd, og at forbinde væsenerne af den højeste art i et samliv med et fælles mål.

31.

Prøv dig selv, hvorledes dit forhold indtil nu har været overfor guderne, dine forældre, dine brødre, din hustru, dine børn, dine lærere, dine opdragere, dine venner, dine pårørende, dine husfolk, om du aldrig indtil denne stund har tilføjet dem nogen uret i ord eller gerning. Kom de prøvelser i hu, du har gennemgået, og dem, du har haft sjælsstyrke til at udholde. Betænk, at dit livs historie snart vil være sluttet og din tjeneste endt. Overvej, hvor meget skønt du har set, hvor ofte du har agtet lyst og smerte ringe, foragtet tom ære, hvor ofte høstet utak for din velvilje.

32.

Formår da rå og uvidende naturer at rokke den erfarne og indsigtsfulde mand? Men hvem er den erfarne og indsigtsfulde? Den, som forstår alle tings oprindelse og mål, som kender den fornuft, der gennemtrænger tilværelsen og gennem alle evigheder styrer universet efter dets forud bestemte udviklingsperioder.

33.

Hvor få øjeblikke, og du er en håndfuld støv, en benrad, kun et navn, ja næppe det; thi et navn er ikke mere end en klang, en lyd, og hvad der agtes højest i livet, er i sig selv tomt og råddent, ikke vor tragten værd, som når små hunde bider ad hinanden, eller børn kives, nu ler og straks derefter græder. Troskab og kyskhed, ret og sandhed „til Olympen de flygted fra jordens de vidtstrakte veje". Hvad er der da, som endnu kunne holde dig her tilbage, når du ser, at alt det sanselige uophørligt er underkastet forandring, sanserne selv usikre og skuffende, sjælen kun en damp, der stiger op fra blodet? I en sådan verden er ære og berømmelse dog kun et blændværk. Kun ét er der at gøre, at vente rolig, indtil livet udslukkes, eller vi vandrer bort herfra, og indtil den time oprinder, at lade det være os nok, at ære og velsigne guderne, gøre vel imod menneskene, fordrage dem eller unddrage sig dem, og vel erindre, at alt, hvad der ligger udenfor din sjælelige og legemlige tilværelses snævre område, det er ikke dit, og afhænger ikke af dig.

34.

Du kan stedse leve et lykkeligt liv, eftersom du altid kan følge den rette vej, kan tænke og handle rigtigt. Thi disse to fortrin tilhører ethvert fornuftbegavet væsen, det være gud eller menneske: at dets vilje aldrig kan hæmmes af nogen, og at det anser retfærdighed i sindelag og handling for det eneste gode, ud over hvilket det intet attrår.

35.

Når dette eller hint, som indtræffer, ikke er forskyldt ved min slethed eller er en følge af min tidligere slethed, og det heles orden ikke lider skade derved, hvorfor skulle jeg da bekymre mig derom? Hvorledes skulle vel universets orden kunne forstyrres derved?

36.

Lad ikke din indbildningskraft rive dig blindt med sig, men hjælp dit medmenneske og stå ham bi efter evne, på passende måde. Består hans tab kun i de ligegyldige ting, agt det da ikke for nogen virkelig skade, eftersom det i og for sig ikke er noget onde. Ligesom hin olding, der, idet han forlod sit barn, forlangte dets top, vel vidende, at det kun var et legetøj, således bør du også forholde dig i slige sager. Eller ville du i en mindetale på forum påkalde medlidenheden for tabet af sådanne goder, som om du ikke kendte deres værd? — Men de skattes dog så højt, vil du sige. — Skal du da være en dåre ligesom de andre? Under hvilke som helst forhold jeg stilles, kan jeg stedse være et lykkeligt menneske. Lykkelig er den, som har beredt sig selv en god lod. Den gode lod består i sjælens gode rørelser, de gode tilskyndelser, de gode handlinger.

Sjette bog

1.

Tilværelsens substans er smidig og let at forme, og hos den fornuft, som regerer den, findes ingen grund til at virke noget ondt; thi den har hverken ond vilje, eller udfører noget på urigtig måde, heller ikke lider noget som helst skade ved den, medens alt sker og fuldbringes efter dens råd og vilje.

2.

Spørg ikke, når du gør din pligt, om du skal udstå kulde eller hede, om du trænger til hvile eller har udsovet, om der venter dig dadel eller ros, om du går døden i møde, eller der er noget andet for dig at gøre; thi også det at dø er en gerning, der hører dette liv til, og det er derfor nok, når vi også heri skiller os vel fra den opgave, der er sat os.

3.

Træng ind i tingenes væsen; lad dig ikke skuffe i bedømmelsen af deres sande beskaffenhed og værd.

4.

Alle tilværende ting er underkastet hastig forandring; enten opløses de i damp, når substansen er enkelt, eller de adspredes.

5.

Den fornuft, der styrer universet, kender de betingelser, under hvilke den virker, det mål, den har for øje, og det stof, den betjener sig af.

6.

Den bedste hævn over fornærmeren er den, ikke at ligne ham.

7.

Deri søge du hvile og glæde: med gud i tanker at gå fra den ene samfundstjenlige gerning til den anden.

8.

Deri består sjælens åndelige magt, at den selv vækker og styrer sin hu, at den gør sig selv til det, den vil, og lader enhver begivenhed fremtræde i det lys, hvori den vil se den.

9.

Alt fuldbyrdes i overensstemmelse med den universelle naturs love, ikke ifølge en anden natur, som udvortes omgiver tingene eller er indesluttet i dem eller endog er adskilt fra dem.

10.

Enten er verden et urede, en tilfældig tingenes forvikling, som atter opløses, eller der er enhed og orden, et forsyn. Hvis det første er tilfældet, hvad skulle da give mig lyst til at dvæle i denne planløse sammenhobning, dette endeløse virvar? Hvad andet skulle jeg vel ønske mig end jo før jo hellere at forvandles til støv? Og til hvad nytte bekymre sig derom? Hvorledes jeg end bærer mig ad, vil jo opløsningen gribe mig. Er det andet derimod tilfældet, da tilbeder jeg; tryg og ved godt mod forlader jeg mig på den, der styrer alt.

11.

Når omstændighederne medfører, at du står fare for at tabe sindets ligevægt, søg da hurtigt at komme til dig selv igen, og lad ikke din holdning blive dig berøvet længere end uundgåeligt; thi jo mere du beflitter dig på at genvinde herredømmet over dig selv, desto lettere vil det blive dig at bevare den harmoniske sindsstemning.

12.

Hvis du på én gang havde både en stedmoder og en virkelig moder, da ville du vel ære hin, men dog med hele dit hjerte hænge ved denne. Således forholder det sig også med hoffet og filosofien. Ty derfor tit og ofte til denne; thi den kan du takke for, at du kan finde dig i forholdene hist og skikke dig vel i dem.

13.

Ligesom vi om de forskellige fødevarer, vi nyder, aldeles rigtigt kan sige: Dette er ådselet af en fisk, dette er ådselet af en fugl eller et svin, og fremdeles: Denne falernervin er den udpressede saft af druen, denne purpurklædning er et fårs uld, der er dyppet i purpursnekkens blod, og om avlingen, at den er en naturdrifts tilfredsstillelse, eftersom denne forestillingsmåde rammer selve tingens væsen og udtømmende angiver dens sande beskaffenhed, således bør vi i hele vort liv bære os ad med enhver genstand, også den, der synes os den aller pålideligste, idet vi nemlig betragter den i dens nøgenhed, i dens ringeste og uanseligste skikkelse og afører den den pralende dragt, hvormed indbildningskraften har udstyret den. Thi hovmodet er en farlig bedrager, og det bedårer os desto mere, jo højere vigtighed vi tilskriver de ting, vi sysler med. Herpå går også det ud, som Krates siger om Xenokrates.

14.

Hvad der vinder mængdens beundring er i reglen de aller almindeligste ting, de ydre naturgenstande: sten, tømmer, figentræer, vinranker, oliventræer. De, der står på et noget højere trin, skænker fortrinsvis deres agt til levende skabninger, kvæg- og fårehjorde. De mere dannede endelig sætter pris på væsener, der er begavet med fornuft, ikke den almengyldige fornuft, men den, der viser sig i et vist kunstfærdigt anlæg eller nogen anden særegen dygtighed, eller blot på at have et stort antal slaver. Den derimod, som véd at ære som det højeste sjælen, udrustet med den almengyldige på samfundslivet rettede fornuft, han bekymrer sig ikke om hine andre goder, men stræber fremfor alt at bevare sin sjæl i en virksomhed, der stemmer med fornuftens og samfundets love, og at samvirke med andre, sine lige, til dette mål.

15.

Hint er i begreb med at vorde, dette med at ophøre at være til, og det, som er, har allerede tabt noget af sin væren. En uophørlig veksel og omskiftelse fornyr uafbrudt verdens skikkelse, ligesom i tidens ustandselige flugt enhver tidsalder stedse afløses af en ny. Hvem ville vel skænke sin agt til noget, der bæres forbi os af denne rastløse strøm, hvor intet holder stand. Lige så gerne kunne han kaste sin kærlighed på den fugl, der flyver forbi, og i samme øjeblik er ude af syne. Og hvad er vort liv vel andet end blodets fordampning og det åndedræt, vi drager? Thi som vi hvert øjeblik indånder luften og giver den tilbage, således skal vi engang tilbagegive hele åndedragningens evne til den kilde, hvoraf vi i går eller i forgårs øste den for første gang.

16.

Det er ikke nok til at give livet værd at uddunste som planterne eller at drage ånde som kvæget og de vilde dyr, ikke at de sanselige indtryk optages i forestillingen, eller at muskler og sener sættes i bevægelse af driften; heller ikke at samles i skarer eller at tage næring til sig, thi dette betyder ikke mere end den udsondring, som finder sted af den overflødige føde. Hvad er det da, som har værd? Er det at beklappes? Nej. Og lige så lidt er det at hilses af bifaldsråb; thi mængdens jubel er kun en larm, som dør i luften. Når du nu også lader tom ære fare, hvad bliver der da tilbage, som kan tillægges sandt værd? Efter min mening dette: at vi udvikler vort ejendommelige dannelsesanlæg, og retter al vor kunst og flid mod dette mål. Thi derpå går al kunst ud, at de midler, som anvendes, må være tjenlige for det mål, som tilsigtes. Vingårdsmanden, der plejer vinstokken, rytteren, der tilrider hesten, jægeren, som afretter hunden, har alle dette for øje. Og hvad andet stræber vel opdragelsen og undervisningen efter? Her har vi altså det, som giver tilværelsen værd, og er du enig med dig selv herom, vil du ikke bekymre dig om alt det øvrige; bliver du derimod ved med at holde alle de andre ting for attråværdige, da kan du umuligt være fri, selvstændig, uafhængig af lidenskabernes magt. Tværtimod, du vil uundgåeligt misunde, hade og mistænke dem, der kan frarøve dig hine goder, og du vil lægge snarer for dem, du ser i besiddelse af det, du sætter højest pris på. Med ét ord: Den, som ikke kan undvære disse udvortes goder, han vil tabe al ro i sindet, ja mangen gang anklage guderne. Er det derimod sjælens goder, du ærer og agter, vil du føle tilfredshed i dit indre, nære velvilje mod dine medmennesker og leve i samklang med guderne; det vil sige, du vil takke og prise dem for alt, hvad de giver og har anordnet.

17.

Elementerne er i en urolig flugt opad, nedad, i en kreds. Dyden har ikke del i nogen af disse bevægelser; dens gang er af en guddommelig art, ad en besværlig vej skrider den rolig fremad mod målet.

18.

Hvor besynderlige er dog menneskene! Deres samtidige, som lever for deres øjne, vægrer de sig ved at tildele ros, men hvad dem selv angår, da ønsker de intet højere end at blive prist af deres efterkommere, som de aldrig har set eller vil få at se. Mærkeligt nok, at de ikke sørger over, at ingen af deres forfædre har holdt lovtaler over dem.

19.

Antag aldrig, at det, der falder dig vanskeligt at udføre, derfor skulle være umuligt for et menneske; men tro, at hvad der er muligt og skikker sig vel for et menneske, det er også opnåeligt for dig.

20.

Når i fægteskolen en river os med neglene eller bibringer os et stød med hovedet, bliver vi ikke fornærmet derover, tager ikke anstød deraf, lige så lidt som vi tror, at han ellers har ondt i sinde. Vi tager os vel i agt for ham, og uden at betragte ham som en fjende, vi mistænker, går vi kun roligt af vejen for ham. Lad os derfor bruge den samme fremgangsmåde i livets daglige forhold. Der er meget, som vederfares os af dem, vi i livets skole komme i berøring med, hvilket vi ikke bør lægge os på sinde. Det står os jo frit for, som alt sagt, at holde os i frastand uden at nære mistanke eller had.

21.

Når nogen med klare grunde kan overbevise mig om, at min anskuelse og min handlemåde er urigtige, forandrer jeg dem med glæde; thi jeg søger kun sandheden, som aldrig har skadet nogen; den derimod, der fremturer i sin vildfarelse og vankundighed, han lider skade.

22.

Jeg handler, som min pligt byder mig; alt det øvrige rører mig ikke; thi det er enten ting uden liv eller væsener uden fornuft eller mennesker, som farer vild og ikke kender den vej, man bør følge.

23.

Den ufornuftige skabning og alt det, der hører til tingenes verden, skal du benytte med frit og ædelt sind, som det sømmer sig for den fornuftbegavede i forhold til det fornuftløse. I din omgang med menneskene, der har fornuftens gave, skal du lade dig bestemme af hensyn til det samfundsliv, der forener dig med dem; og påkald i alt gudernes hjælp. Spørg ikke, hvor længe du skal blive ved med at handle således. Også den korteste tid er tilstrækkelig.

24.

Macedonieren Alexander og hans æseldriver er begge ved døden kommet i den samme forfatning. Enten er de nemlig blevet optaget i tilværelsens grundspirer, eller de er blevet opløst i atomerne.

25.

Betænk engang, hvor mange de virksomheder er, både legemlige og sjælelige, som i samme øjeblik foregår i enhver af os, og du vil ikke undre dig over, at endnu langt mere, eller, rettere sagt, alt det, som sker, samtidigt finder sted i det ene alt omfattende hele, som vi kalde verden.

26.

Hvis nogen spurgte dig, hvorledes navnet Antoninus staves, ville du da ikke med tydelig betoning fremsige hvert enkelt bogstav? Og hvis man vrededes på dig, ville du vel ikke gengælde vreden, men roligt blive ved med at gå fra det ene bogstav til det andet. Tag nu lære heraf, når du overfører dette på pligten. Også denne udgør nemlig et af mange enkeltheder sammensat hele. Det gælder derfor om, med nøje iagttagelse af disse, uforstyrret og uden at gengælde uvilje med uvilje at gå roligt frem mod det foresatte mål.

27.

Hvilken grusomhed mod menneskene ikke at tilstede dem at handle således, som de finder det passende og tjenligt for sig; og dog gør du dig netop skyldig heri, når du bliver heftig over, at de fejler, medens de mener at handle på den for dem naturlige og rette måde. — „Ja, men heri tage de netop fejl," siger du. — Hvorfor da ikke belære dem derom, og vise dem deres vildfarelse uden vrede?

28,

Døden er en udhvilen fra sansernes indtryk, fra drifternes dragen, fra tankens fordybelse og fra kødets tjeneste.

29.

Hvor skammeligt, når i et menneskes liv sjælens kraft allerede svigter, medens legemet endnu bliver ved med at yde sin tjeneste!

30.

Vogt dig, at du ikke bliver cæsarernes lige og smittes af deres laster. Det er sket med så mange. Stræb derfor at bevare dig oprigtig, god, uskyldig, værdig, alvorlig, elskende retfærdighed, ærende guderne, velvillig, kærlig, nidkær til al god gerning. Kæmp, at du stedse må være den, filosofien har villet danne dig til. Frygt guderne, vær menneskene en hjælper. Livet er kort; kun én frugt kan denne jordiske tilværelse bringe os: det gudelige sind, den menneskekærlige handlemåde. Forhold dig i alt som en værdig discipel af Antoninus. Hold dig stedse for øje hans urokkelighed i at følge fornuftens bud, hans stemnings uforstyrrelige ro, hans åsyns blide udtryk, hans fromhed, hans indtagende væsen, hans ringeagt for al forfængelighed, hans iver for at sætte sig grundigt ind i forholdene, hvorledes han aldrig behandlede nogen sag flygtigt, men ved omhyggelig undersøgelse stræbte at vinde klar indsigt; hvor roligt han fandt sig i uretfærdig bedømmelse uden at gengælde dadel med dadel, aldrig gik forhastet til værks, ikke lyttede til bagvaskelse, men strengt prøvede sæder og handlemåde, ikke var opfarende, ikke nærede utidig frygt eller mistanke, eller var spidsfindig; hvor nøjsom han var med hensyn til bolig, natteleje, klædedragt, spise, betjening; hvor arbejdsom og langmodig; hvorledes han på grund af sin tarvelige levemåde var i stand til at forblive ved sit arbejde indtil aften, uden at den legemlige nødtørft lagde bånd på ham; hvor bestandig og tro i venskab; hvor roligt han tålte dem, der åbent sagde ham imod, tilfreds, om nogen kunne bibringe ham en rigtigere anskuelse, og hvor gudfrygtig uden overtro. Hav derfor hans eksempel stadigt for øje, på det at du ligesom han må kunne gå din sidste time i møde med uskadt samvittighed.

31.

Vågn op og kom til dig selv! Og når du har rystet søvnen af dig og besindet dig på, at det kun var drømme, der foruroligede dig, hold dig da vågen, og se på virkeligheden, som du nyligt så på hine drømmesyner.

32.

Mit væsen er sammensat af legeme og sjæl. For legemet er alt ligegyldigt, eftersom det ikke kan gøre forskel på noget; for sjælen er *det* ligegyldigt, som ikke er dens eget værk, hvorimod alt, hvad der er dens egen handling, også står i dens egen magt. Dog gælder dette kun om handlingerne, for så vidt de er nærværende, thi de tilkommende såvel som de forbigangne handlinger må i det nærværende øjeblik forblive uden betydning for den.

33.

Når hånden udretter det, som er håndens gerning, og foden hvad der er fodens, da er dette ikke noget arbejde, der strider imod naturen. Således er heller ikke for mennesket som sådant nogen anstrengelse unaturlig, så længe mennesket øver det, der er ejendommeligt for det som menneske; men hvad der ikke er imod dets natur, kan heller ikke være noget onde for det.

34.

Hvad er det for glæder, som røvere, utugtige, fadermordere og tyranner har nydt!

35.

Ser du ikke, hvorledes de, som øver en håndværksmæssig kunst, vel til en vis grad lemper sig efter de uvidendes smag, men ikke desto mindre holder fast ved reglerne for deres kunst og ikke tillader sig nogen afvigelse derfra? Er det da ikke til at undres over, at arkitekten og lægen holder deres kunsts love højere i ære, end mennesket holder sin fornufts love, som det har til fælles med guderne?

36.

Asien og Europa udfylder kun en krog af verden; det store og mægtige hav er som en dråbe; Athosbjerget kun en liden tue; tiden, så langt vort syn rækker, et øjeblik i evigheden. Alt er lidet, omskifteligt, forsvindende, men alt udgår det umiddelbart eller som en følge fra den universet styrende magt, også løvens frygtelige gab, den dræbende gift, og alt det skadelige, som tidslen, skarnet, disse tilsætninger til det ophøjede og skønne. Tro derfor ikke, at disse ting er uvedkommende og uden sammenhæng med det, du priser og ærer, men erkend i dette kilden til alt.

37.

Den, der har set det, som nu er, har set alt, hvad der i al evighed har været, og hvad der i al evighed skal vorde; thi alt er af samme art, og det ene er det andet ligt.

38.

Fæst stadig din opmærksomhed på den forbindelse, der består mellem alle ting i verden og deres indbyrdes forhold til hverandre; thi de er på en måde indflettet hverandre, og derved ligesom i et venskabsforhold til hinanden; det ene følger i rækken det andet, forbundet som de er ved den plads, de indtager, ved fælles livsbetingelser og ved materiens enhed.

39.

Føj dig efter de forhold, skæbnen har bestemt for dig; elsk de mennesker, det er blevet din lod at leve sammen med, og elsk dem oprigtigt.

40.

Ethvert værktøj eller redskab, der er skikket til den brug, hvorfor det er dannet, er godt; og her er dog den, som frembragte det, ikke til stede hos det. Anderledes i naturens rige, hvor den dannende kraft virker i det indre og er uadskillelig fra genstanden. Derfor bør vi desto mere ære denne, og tro, at når vi handler efter *dens* vilje og følger *dens* anvisning, vil den samme fornuftens harmoni, som regerer universet, også herske i vor sjæl.

41.

Så længe du anser noget, der ikke beror på din frie vilje, for et gode eller et onde, må du uundgåeligt, når et sådant onde rammer dig, eller et sådant gode unddrages dig, laste guderne og hade menneskene, som enten virkeligt eller efter din formening har voldt dig denne skade eller dette tab; og vi gør os skyldige i megen uretfærdighed, medens vi lader os fængsle af disse udvortes ting. Anser vi derimod alene det, som er afhængigt af os selv, for godt eller ondt, bortfalder al grund til at anklage guderne eller nære fjendskab mod noget menneske.

42.

Alle arbejder vi med hverandre på at fuldbyrde det samme værk, nogle med bevidsthed og god forståelse, andre uden at vide det mindste derom. Også medens mennesket sover, mener jo, så vidt jeg tror, Heraklit, at det arbejder og medvirker til det, der sker i verden. Men enhver arbejder på *sin* måde. Til overflod gives der også dem, der dadler og stræber at hindre og standse andres fremgang. Også for sådanne havde verden brug. Men se du vel til, iblandt hvilke du indordner dig selv. Thi han, som styrer verden, vil tage dig i sin tjeneste på den aller bedste måde og give dig plads mellem sine medarbejdere og hjælpere. Men vogt dig vel, at din plads ikke bliver som den, Khrysip anviser det dårlige vers i dramaet.

43.

Agter vel solen at udføre regnens gerning? eller Asklepios at udføre jordens, den frugtbringendes? Og stjernerne, hvor forskellige de end er, arbejder de ikke alle med hverandre til det samme mål?

44.

Såfremt guderne har rådslået angående mig og det, som skulle times mig, da har de også rådslået viseligt; thi en gud uden visdom er noget hartad utænkeligt. Og hvorfor skulle de vel også have villet tilføje mig noget ondt? Eller hvilken vinding havde det vel kunnet forskaffe dem selv eller det almene, som allermest er genstand for deres omsorg? Men selv om guderne i deres råd ikke har taget hensyn til mig i særdeleshed, har de dog visselig truffet anordning for verden i det hele; og hvad der i nødvendig følge heraf hændes mig, bør jeg hilse med glæde og elske. At antage, at guderne ikke bærer omsorg for noget, er en ugudelig tanke. Hvorfor skulle vi da ofre eller bede eller sværge eller foretage os noget, hvorved vi forudsætter, at guderne er nærværende og lever med os? Men sæt endogså, at de ikke bekymre sig om noget, der angår os, det står da til mig selv at sørge for mit vel og overveje, hvad der er mig tjenligt. For enhver er det godt og gavnligt, som stemmer med hans natur og oprindelige anlæg. Min natur er væsentlig fornuftig og dannet for et samfundsliv. For mig som Antoninus er Rom min stad og mit fædreland; som menneske har jeg verden til fædreland. Kun hvad der er tjenligt for disse to samfund, kan være godt for mig.

45.

Hvad der hændes den enkelte, er stedse noget, der tjener til det heles vel. Dette ville være tilstrækkeligt. Men endnu ét vil du ved nøjere iagttagelse finde bekræftet, nemlig, at hvad der er til gavn for det ene menneske, tillige er til gavn for andre. Men her må ordet „gavnlig" tages i almindeligere betydning, da det omfatter de såkaldte mellemting.

46.

Ligesom vi i teatrene og på lignende steder, hvor vi altid får det samme ensformige skuespil at se, ved den konstante gentagelse føler os overmættede, således må vi også i det virkelige liv uundgåeligt føle os påvirkede: alt er her fra øverst til nederst det samme og kommer af de samme årsager. Hvor længe skal dog dette vare?

47.

Hold dig stadigt for øje de utallig mange mennesker af enhver stilling, ethvert folkefærd, som døden har bortrevet; fortsæt rækken, om du vil, lige ned til Filistion, Fæbus, Origanion; gå så over til de andre samfundsklasser; sig dig, at derhen skulle også vi engang begive os, dèr, hvor hine alt er, så mange udmærkede talere, så mange hæderværdige filosoffer, en Heraklit, en Pythagoras, en Sokrates; så mange fortidens helte, hærførere, eneherskere; føj til dem en Eudoksos, en Hipparkhus, en Arkhimedes, og endnu mange andre skarpsindige ånder, højsindede, rastløse, snedige, anmassende, ja selv spottere over dette svage, kortvarige menneskeliv, som en Menippus og andre hans lige. Tænk på alle disse, som for længe siden er i deres grave. Og er vel noget stort onde overgået dem derved? Eller de mange andre, som ikke engang har efterladt sig et navn? Kun ét gives der, som har blivende værd: at føre sit liv i sandhedens og retfærdighedens tjeneste, velvillig også mod dem, som tjener løgnen og uretfærdigheden.

48.

Søger du en opmuntring for dit sind, kast da dit blik på dem blandt dine medlevende, som udmærker sig ved nogen sjælden fuldkommenhed. Betragt det dådkraftige hos denne, beskedenheden hos en anden, goddædigheden hos hin, og således fremdeles. Thi intet skænker os så stor en glæde som synet af de dyder, der lyser frem i vore medlevendes handlemåde, og som ved enhver lejlighed træder os i møde. For dem bør vi derfor altid have et åbent øje.

49.

Du er vel ikke fortrydelig over, at du kun vejer så mange pund og ikke tre hundrede? Så vær heller ikke fortrydelig over, at du skal leve så mange år og ikke flere. Thi som du er vel tilfreds med den vægt, dit legeme har fået, bør du også være det med den levetid, der er dig bestemt.

50.

Lad os forsøge at overtale menneskene. Selv om de viser sig uvillige, lad det ikke afholde dig fra at handle, som retfærdigheden byder. Prøver nogen på at gøre dig modstand med vold og magt, søg da at tilegne dig det rolige og harmfri sind. Lad selve hindringen lære dig en anden dyd, og kom i hu, at du stræber med forbehold, og at du ikke vil det umulige. Bliver du denne grundsætning tro, da vil du trods enhver hindring altid nå det mål, du satte dig.

51.

Den ærgerrige søger sit højeste gode i andres mening, den nydelsessyge finder det i sin egen lyst, den forstandige i sin egen handling.

52.

Det er muligt at afholde sig fra enhver mening om dette eller hint, og således ganske undgå at forstyrre sjælens ro; thi tingene har i og for sig ingen magt til at afgøre, hvorledes vi skal dømme.

53.

Væn dig til at følge den talende med ufravendt opmærksomhed, og lev dig såvidt muligt ind i hans sjæl.

54.

Hvad der ikke er gavnligt for bisværmen, gavner heller ikke bien.

55.

Når søfolkene lastede føreren, eller de syge lastede lægen, kunne de da have anden hensigt dermed end at tilskynde føreren til at frelse de ombordværende, eller lægen til at helbrede de syge?

56.

Hvor mange, som trådte ind i verden sammen med mig, er allerede gået bort!

57.

Den gulsotige smager honning bittert; den, som er bidt af en gal hund, har skræk for vand; barnet finder, at dets bold er herlig. Hvorfor vredes jeg da? Eller tror du, at vildfarelsen har mindre magt over et menneske, end galden har over den gulsotige, og giften i legemet over den rasende.

58.

Ingen kan hindre dig i at leve i overensstemmelse med din egen naturs love, og intet kan hændes dig, som strider mod den almindelige naturs love.

59.

Hvad er det dog for mennesker, hvis yndest man søger at opnå? Og for hvilken vindings skyld og ved hvilke midler! Og dog, hvor snart vil tiden udslette alt, ja, hvor meget har den ikke allerede udslettet!

Syvende bog

1.

Hvad er ondskab? Det er, hvad du har set utallige gange. Og ikke alene om det onde, men om alt, hvad der tildrager sig, gælder det, at det er noget, du så tit og ofte har været vidne til. Overalt fra øverst til nederst finder du kun en gentagelse af det samme. Alle tiders historie, den gamle, middeltidens såvel som den nyestes, er opfyldt deraf; det fylder den dag i dag vore byer og vore hjem. Der er intet nyt i verden. Alt er det tilvante, og lige kort varer det.

2.

Hvorledes lader de falske domme sig udrydde, medmindre de tilsvarende forestillinger udslukkes? Disse kan du vel kalde til live igen; men at danne mig den rette mening om dette eller hint, står i min egen magt. Når så er, kan da noget forurolige mig? Hvad der tilhører den ydre verden, kan ikke øve noget herredømme over mit tankeliv. Fasthold dette, og din stilling er den rette. Du kan leve op på ny. Se atter tingene i det lys, hvori du nylig så dem; dette er at leve op på ny.

3.

Tom higen efter prunk og pragt, skuespil med vrimmel af dyr og mennesker, klopfægtere, alt sådant sætter menneskene i bevægelse som hunde, der flokkes om et ben, fisk, der stimler sammen om en henkastet mundfuld, som myrer, der har travlt med at slæbe deres byrder, mus, der forskrækkede løber hid og did, dukker, som bevæges med en snor. Midt i alt dette røre gælder det at bevare en mild ro uden stolthed. Ét lader sig dog slutte, at et menneskes værd svarer til værdien af de ting, det skænker sin agt.

4.

Når der tales, må opmærksomheden være henvendt på det, der siges, ved enhver handling på det, som udføres. I det ene tilfælde gælder det om at have klarhed over det mål, handlingen tilsigter, i det andet at give nøje agt på, hvad ordene udtrykker.

5.

Er min egen indsigt tilstrækkelig til at udføre et foreliggende arbejde, betjener jeg mig af den som et redskab, naturen har givet mig til dette øjemed. Er den ikke tilstrækkelig, da overlader jeg enten arbejdet til en anden, der kan udføre det bedre, hvis ikke dette strider imod min pligt, eller jeg gør det så godt, jeg kan, forenende mig med en medhjælper, som vejledet af min indsigt er i stand til at udrette det for almenvellet just nu mest passende og nyttige. Thi hvad enten jeg foretager mig noget med mine egne kræfter eller ved andres hjælp, bør det alene gå ud på det, der er gavnligt for samfundet og stemmer med det heles vel.

6.

Hvor mange, som én gang pristes i høje toner, er allerede overgivet til forglemmelse, og hvor mange, der udbredte deres ros, er ikke for længst borte?

7.

Skam dig ikke ved at modtage hjælp. Din opgave er det at gøre din pligt, som soldaten i belejringshæren. Men hvis du nu, fordi du er såret, ikke kan bestige brystværnet alene, men derimod kan gøre det ved en andens hjælp, hvad da?

8.

Ængst dig ikke over det, som forestår. Du skal, når det behøves, møde det, udrustet med den samme fornuft, som er dit værge nu overfor det nærværende.

9.

Alle ting er indflettet i hinanden; et helligt bånd sammenknytter dem, og intet er udelukket fra berøring med det øvrige; de er sammenordnede og bygger med hverandre den samme verden. Der er én verdensorden, som omfatter alt, én gud, som er virksom i alt, der er én substans, én lov, én fornuft, som er fælles for alle fornuftbegavede væsener, og én sandhed, ligesom der kun gives én fuldkommenhed for alle skabninger, der er af samme slægt og delagtige i den samme fornuft.

10.

Alt det materielle forsvinder hastigt i den almindelige substans; enhver årsag optages i et øjeblik i den almindelige fornuft, og lige så hastigt begraves erindringen om det forbigangne i evigheden.

11.

Den handling, som for det fornuftige væsen viser sig i overensstemmelse med naturen, er også i overensstemmelse med fornuften.

12.

Ret eller rettet.

13.

Det samme forhold, som består mellem lemmerne i deres forening med hinanden i den legemlige organisme, finder ligeledes sted mellem fornuftvæsenerne indbyrdes trods deres adskillelse fra hverandre; også de er dannet til at samvirke med hinanden til et fælles mål. Denne tanke vil vinde forøget liv og styrke, jo oftere du siger dig selv: „Jeg er et lem af de fornuftige væseners familie." Så længe du blot anser dig for en del af det hele, vil du ikke elske dine medmennesker af dit ganske hjerte. Det, at gøre vel, vil ikke glæde dig i og for sig; du gør det endnu kun af sømmeligheds hensyn, ikke således, at du føler det som en velgerning mod dig selv.

14.

Lad hvilket som helst udvortes stød ramme den del af mit væsen, som kan påvirkes deraf, og lad den del, der lider, klage derover, hvis den vil; selv berøres jeg ikke deraf, når jeg ikke anser det, som er hændt mig, for et onde; og at tænke således, er altid muligt for mig.

15.

Hvad man end siger eller gør, altid bør jeg være et retskaffent menneske; netop som når guldet, smaragden, purpuret ville sige: Hvad man end gør eller siger, stedse bør jeg være smaragden og bevare mit farveskær.

16.

Ånden, den styrende magt, giver sig ikke i fremmed vold. Den gør sig således ikke selv til slave af frygt eller heftig lidenskab. Kan en anden påføre den angst eller sorg, lad ham gøre det; selv hengiver den sig ikke ved sit samtykke til disse uordentlige rørelser. Lad legemet, hvis det kan, selv sørge for, at det ikke lider, og, *hvis* det lider, tilkendegive det; sjælen derimod, som modtager indtryk af frygt eller smerte, men ved sin mening er herre over disse følelser, lad den være fri for lidelse, idet du ikke tillader den at fælde den urigtige dom. I sig selv er sjælen, der ledes af fornuften, uafhængig af trang, når den ikke skaber sig selv trang. Intet kan forstyrre dens ro eller hindre dens frihed, såfremt den ikke volder sig selv uro eller hæmmer sig selv.

17.

Lyksalighedens grund er den gode genius, det gode sind. Hvad har du da her at gøre, fantasi? I gudernes navn, gå, som du er kommet! Jeg har ikke brug for dig. Du har indfundet dig efter gammel skik. Jeg er ikke vred på dig. Kun, at du forføjer dig bort.

18.

Hvorledes er det muligt, at nogen kan nære frygt for at forvandles? Kan da noget ske uden forvandling? Gives der vel noget, der i den grad er hjemmehørende i naturens orden? Kan du tage et bad, uden at veddet, som opvarmer det, forvandles? Eller kan du tage næring til dig, uden at føden, du nyder, bliver forvandlet? Kan vel noget nyttigt i det hele fuldbyrdes, uden at en forvandling finder sted? Indser du da ikke, at din egen forvandling er af samme art og lige så nødvendig i tingenes natur?

19.

Alle legemer optages som i en rivende strøm i den almindelige substans. De er sammenvokset med den og er dens organer, ligesom lemmerne på legemet. Hvor mange Chrysip'er, Sokrates'er, Epiktet'er har tiden ikke allerede opslugt? Denne lov vil du finde gældende for alt, for ethvert menneske og for enhver ting.

20.

Kun ét ligger mig på sinde: at jeg ikke må gøre noget, der strider imod den menneskelige naturs anlæg og bestemmelse, ikke noget, den ikke vil, eller noget, den ikke vil således, eller ikke vil nu.

21.

Den tid er nær, da du har glemt alt, og alle har glemt dig.

22.

Det hører til sand menneskelighed også at elske dem, der har tilføjet os noget ondt. At øve denne dyd vil blive dig desto lettere, når du kommer i hu, at I er brødre, at den fejlende har handlet i uforstand og ufrivilligt, at I ret snart begge vil være døde, og fremfor alt, når du betænker, at han i virkeligheden ikke har skadet dig, eftersom han ikke har kunnet indvirke på din fornuftige ånd og bibringe den nogen ond beskaffenhed.

23.

Naturen former verdensstoffet som voks og danner nu deraf en hest; derpå, når den er tilintetgjort, benytter den det samme stof til deraf at danne et træ, derefter et menneske, dernæst en anden skabning, og enhver af disse kun for en kortvarig beståen. Men for kisten er det lige så lidt noget slemt at blive skilt ad, som det var for den, at den blev sammenføjet.

24.

Det vredladne udtryk i ansigtstrækkene er i høj grad stridende imod naturen; vender det hyppigt tilbage, forvanskes det sande og naturlige udtryk, det skønne præg forsvinder efterhånden ganske og kan til sidst ikke mere kaldes til live. Heraf kan du slutte, at vreden strider imod fornuften. Går det endelig så vidt, at vreden udslukker enhver følelse for ret og uret, er livet da endnu værd at leve?

25.

Alle de væsener, du ser omkring dig, vil den universet styrende natur i et øjeblik forvandle og af deres stof danne nye, og af disses stof atter andre, for at verden må bevares evig ung og ny.

26.

Når nogen har forset sig i noget imod dig, overvej da straks, hvilken forestilling den fejlende har haft om det gode og det onde. Har du nemlig indset dette, vil du blive stemt til medlidenhed og hverken undre dig eller vredes. Thi enten anser du endnu det samme, som han, for godt, eller noget lignende; du bør da tilgive ham. Holder du derimod ikke længere sådanne ting for gode eller onde, vil det falde dig let at bære over med den vildfarende.

27.

Fæst ikke dine tanker så meget på de ting, du mangler, som på dem, du allerede har; men udvælg blandt disse sidste dem, du har allerkærest, og betænk, med hvilken iver du ville eftertragte dem, hvis du ikke besad dem. Vogt dig også, at du ikke, når du ret glæder dig over dem, får dem så kære, at du skulle tabe din sindsro, når de engang bleve dig berøvet.

28.

Træk dig tilbage i dit indre. I det fornuftige væsen, din sjæls ypperste del, er nedlagt den evne at være sig selv nok ved at øve retfærdighed og finde den fuldkomne hvile i denne dyd.

29.

Udsluk indbildningskraftens glød; dæmp lidenskabens magt; hold dig indenfor det nærværende øjebliks grænser; sæt dig klart ind i det, der hændes enten dig selv eller en anden; opløs den genstand, du betragter, adskil årsag og materie; tænk på den sidste time; lad fejlen blive hos den, der har begået den.

30.

Følg med opmærksomhed den talendes ord; træng med din tanke ind i begivenhederne og deres årsager.

31.

Smyk dit liv med enfold og tugtighed, og vær ligegyldig overfor de ting, som hverken er onde eller gode. Elsk menneskene, adlyd gud. I alle ting hersker en lov, har en digter sagt. Selv om elementerne ikke styres af en guddom, er det nok for os at vide, at alt foregår lovmæssigt.

32.

Om døden. Hvis den er en adspredelse af elementerne, er den en opløsning i atomer eller en udtømmelse; enten er den en udslukkelse eller en overgang til et andet sted.

33.

Om smerten. Er den uudholdelig, bringer døden en udfrielse; vedvarer den, kan den udholdes. Sjælen, som drager sig tilbage i sig selv, bevarer ikke desto mindre sin ro uforstyrret, og den indre personlighed forbliver ukrænket. Det står til lemmerne, som lider af smerten, at tilkendegive det, hvis de kan.

34.

Om æren. Betragt menneskenes tænkemåde og se, hvad det er, de flygter for, og hvad de eftertragter. — Ligesom du ser den ene sandklit på havbredden ophobe sig over den anden og skjule den, således vil du også i livet se alt det foregående hastigt fortrængt og udslettet af det efterfølgende.

35.

Et ord af Platon. Tror du vel, at den, hvis sind er højt og ædelt, hvis blik skuer ud over al tid og al væren, kan agte dette nærværende liv stort? — Nej, umuligt. — Så kan da vel en sådan heller ikke anse døden for noget forfærdeligt? — Ingenlunde.

36.

En tanke af Antisthenes. At gøre det gode og høre ilde derfor er i sandhed kongeligt.

37.

At ansigtet villigt lyder sjælen og antager udtryk og miner efter dens mindste vink, medens denne ikke formår at danne og forme sig selv, som den vil, er uværdigt.

38.

At vredes på tingene sømmer sig ej,
om intet bekymrer de sig.

39.

De evige guder og os en glæde du unde!

40.

Som markens modne aks så høstes vore dage,
hvor fejrest livet var, nu hersker død.

41.

Er jeg og mine af guderne glemt,
har dette vel også sin grund.

42.

Godhed og retfærd kæmper for mig.

43.

Ingen jamren med de jamrende, ingen heftige rørelser.

44.

Et ord af Platon. En sådan kunne jeg med rette give følgende svar: Du tager fejl, hvis du tror, at en mand, som blot er af noget værd, ville tage udsigten til liv eller død med i beregning i stedet for alene at have for øje, om han handler retfærdigt eller uretfærdigt, om hans færd er en god mands eller en slet mands.

45.

Ja, således forholder det sig i sandhed, atheniensere, at på den post, en mand er stillet, fordi han anser den for den hæderligste, eller hvorpå han er sat af sin anfører, bør han forblive under alle farer, og ikke lade hensynet til døden eller noget som helst andet gælde fremfor æren.

46.

Men agt vel på, du fortræffelige, om ikke det at være god og ædel går ud på noget andet end på at redde sig selv og andre ud af faren. Thi den, som i sandhed er en mand, vil ikke ængstelig overveje, hvor længe han kan leve, eller hænge fejt ved livet, men derimod, idet han overlader omsorgen for alt dette til gud og lader gælde, hvad kvinderne siger, at ingen undgår sin skæbne, alene rette sit blik på, hvorledes han på bedste måde kan tilbringe den tid, det forundes ham at leve.

47.

At beskue stjernernes løb og ligesom følge med dem i deres omkredsen; ofte tænke over elementernes overgang i hverandre. Sådanne betragtninger luttrer det jordiske liv for dets smuds.

48.

Det er en skøn tanke af Platon, at den, som vil føre tale om menneskene, bør som fra et ophøjet stade kaste sit blik ud over alt det jordiske. Menneskenes vrimmel, krigshære, agerdyrkningen, ægteskaber, våbenstilstande, fødsler, dødsfald, larmende retsforhandlinger, ørkenlande, de talløse barbariske folkefærd, fester, ligfærd, markeder; hele denne brogede blanding bør han betragte og de mange modsatte elementers samling til et harmonisk hele.

49.

Gennemgå i tanken de forgangne tiders begivenheder, de utallige omvæltninger, rigerne har undergået, og du vil kunne danne dig en forestilling om, hvad fremtiden vil bringe; thi den vil i ét og alt blive af samme beskaffenhed som nutiden, og aldrig overskride den orden, der behersker denne. Om du betragter menneskehedens historie gennem fyrretyve eller gennem tusinder af år, er derfor ét og det samme. Hvad nyt vil du vel få at se?

50.

Hvad jordens er, til jorden synke må,
til himlen stige æter'ns spirer op.

Det vil sige: Legemerne vil blive opløst i deres atomer, og en adspredelse finde sted af de ufølsomme elementer.

51.

Ved spise, drikke og ved alskens tryllekunst
at standse dødens skridt, forgæves søger man.

Den vind, os fører, blev af guder sendt,
og smerten lides bør foruden ak og ve.

52.

Denne er en dygtigere fægter, men ikke velvilligere mod sine medmennesker, ikke tugtigere af sæder, ikke roligere under tilskikkelserne, ikke mere overbærende med næstens fejl.

53.

Når som helst et værk kan fuldbyrdes i overensstemmelse med fornuftens love, der gælder både for guder og mennesker, kan ingen fare opstå deraf. Thi hvor et almennyttigt mål kan nås ved en regelmæssig handlemåde, som stemmer med naturens anordning, er ingen som helst skade at befrygte.

54.

Overalt og til enhver tid står det til dig selv med et fromt sind at glæde dig ved den lod, som just nu beskikkes dig; at omgås retfærdigt med de mennesker, du just nu har samkvem med, og strengt at prøve den tanke, du just nu gør dig, for at ikke nogen uklarhed skal indsnige sig.

55.

Agt ikke på, hvorledes andre, ledet af deres fornuft, hand-le, men fæst udelukkende dit blik på den vej, ad hvilken na-turen vil føre *dig*, såvel den almindelige natur, der åbenbarer sig i de skæbner, der møder dig, som din egen, der foreskriver dig dine særegne pligter. Ethvert væsens opgave beror på det, naturen har dannet det for. Men nu er alt det skabte blevet til for de fornuftige væseners skyld, ligesom i det hele det lavere altid er underordnet det højere, og de fornuftige væsener er atter blevet til for at tjene hverandre indbyrdes. Den opga-ve, som først og fremmest følger af menneskets organisation, er derfor at hellige sig samfundet. Hvad der dernæst fordres, er uafhængighed af de legemlige indtryk og tilskyndelser; thi for det væsen, der er bestemt som den fornuftige ånd, er det ejendommeligt at afgrænse sig selv og ikke tilstede sanser og drifter at få magt over sig. At beherskes af disse tilhører dyret. Forstanden derimod vil råde som øverste magt og ikke være hines indflydelse undergivet; og det med rette, thi den er dan-net til at bruge alt det naturlige i sin tjeneste. Endnu et tredje er forbeholdt den fornuftige skabnings natur: ikke at være ud-sat for at hildes eller skuffes. Lad derfor ånden, udrustet med disse hjælpemidler, gå frem ad den lige vej mod målet, og den har, hvad der er dens eget.

56.

Betragt dig selv som en afdød, hvis liv allerede er sluttet, og lev den tid, der endnu forundes dig, som var det en tilgift, i overensstemmelse med naturen.

57.

Elsk ubetinget, hvad der beskikkes dig, og den lod, som er dig bestemt af skæbnen. Kan vel noget være mere passende?

58.

Stil dig under alle tilskikkelser, der møder dig, de mennesker for øje, som du har set gennemgå de samme prøvelser, som våndede sig, var som ude af sig selv og udbrød i bitre klagemål. Hvor er nu disse mennesker? Intetsteds. Vil du da være deres lige? Eller bør du ikke hellere overlade dette vildledte væsen til dem, der vildleder sig selv og alt, og alene ofre din tanke på, hvorledes du skal føre dig de givne forhold til nytte? Og du vil kunne gøre det på den bedste måde og finde rig anledning til at øve dig i det gode. Giv blot agt på dig selv og beflit dig i alt, hvad du gør, på det ædle og gode. Husk derfor disse to ting og tillige, at alt andet må være dig ligegyldigt, kun ikke din egen handling.

59.

Vend dit blik indad! I dit indre findes det godes kilde, som aldrig vil ophøre at sprudle, når du kun aldrig ophører at grave.

60.

Også legemet bør bevare en fast og værdig holdning, såvel når det er i bevægelse, som når det er i hvile. Det samme herredømme, som sjælen udøver, når den meddeler ansigtstrækkene præget af det ædle og forstandige, bør også udstrække sig over hele legemet. Men her må alt søgt og kunstlet være udelukket.

61.

Livets kunst har større lighed med fægterens end med danserens kunst, eftersom det gælder om at være beredt og stå fast overfor de stød, der kommer uventet og ikke lader sig forudse.

62.

Forsøm aldrig at udforske de menneskers karakter og tænkemåde, hvis bifald du ønsker. Thi kender du først ret til bunds deres synsmåde og åndsretning, vil du hverken laste dem, når de ufrivilligt fejler, eller føle nogen trang til deres anerkendelse.

63.

Ingen sjæl, har man sagt, er sandheden foruden med sin frie vilje. Altså heller ikke retfærdigheden, besindigheden, godheden og alle lignende dyder. Det er højst vigtigt altid at erindre sig dette; vi vil da være mildere stemt imod alle.

64.

Ved enhver smerte, du må lide, skal du foreholde dig selv, at det i og for sig ikke er noget skammeligt, og at smerten ikke er i stand til at forringe den del af dit væsen, som er bestemt til at herske, eftersom den hverken kan hindre den i dens fornuftige virksomhed eller i at hellige sig samfundet. I de fleste tilfælde vil du også kunne drage nytte af Epikurs ord, at ingen smerte er uudholdelig eller varer evig, når du betænker dens begrænsning i tiden, og du ikke giver den næring ved din egen forestilling. Bemærk også, at der gives ikke få tilstande, der ganske ligner smerten og umærkeligt kunne falde os til besvær, som søvnighed, kvælende hede, lede ved fødemidler. Bliver du nu utålmodig herover, sig da dig selv, at nu giver du efter for smerten.

65.

Selv imod umennesker bør du vogte dig for at lægge et sådant sindelag for dagen, som mennesker ofte viser det mod mennesker.

66.

Hvoraf ved vi, at Sokrates var en fortræffeligere karakter end Telauges? Dette spørgsmål lader sig ikke afgøre derved, at Sokrates døde en ærefuldere død, at han med større kløgt bekæmpede sofisterne, mere hårdfør udholdt nattekulden under åben himmel, at han var højhjertet nok til at modsætte sig befalingen at gribe manden fra Salamis, indlagde sig stort ry ved sine samtaler på gaderne, noget, som vel alt kunne have sin betydning, hvis det var pålideligt. Men hvad det allermest kommer an på, er at kende den sande beskaffenhed af Sokrates' sjæl, om han var nøjet med at være retfærdig i forhold til menneskene og from overfor guderne, uden at lade sig føre for vidt i sin vrede over ondskaben eller give utilbørlig efter for uvidenheden, om han uden misnøje tog imod det, skæbnen tildelte ham, ikke fandt byrden for tung at bære, og om han stedse bevarede sin ånd uafhængig af legemets tilstande.

67.

Naturen har ikke således indviklet dig i tingenes store sammenhæng, at det ikke skulle være dig muligt at afgrænse dig selv og gøre den gerning, som er din. Man kan nemlig meget vel være et guddommeligt menneske uden at være kendt af nogen eneste. Hav stedse dette i erindring, og endnu ét: at der kræves såre lidet for at leve et lykkeligt liv, og at, om du end må opgive håbet om at blive særdeles duelig i dialektik og naturvidenskab, du derfor ikke behøver at mistvivle om, at du kan være både et frit, et ædelt, et opofrende og et gudfrygtigt menneske.

68.

Det må være os muligt uanfægtet af al ydre vold at bevare en uforstyrrelig fred og glæde i vort indre, om så den hele verden opløftede sit råb imod os, og vilde dyr led for led søndersled dette støvhylster, som omgiver os. Thi hvad kan vel, selv under sådanne omstændigheder, hindre sjælen i at sikre sig en fuldstændig ro, tilmed når den er i stand til at bedømme de givne forhold rigtigt og benytte de indtrædende tilfælde på den rette måde. Med klart blik bedømmer den det, som indtræffer, og siger til tilfældet: sådan er din sande beskaffenhed, selv om du synes at være noget helt andet; og med fuld ro går den det, som sker, i møde og siger til hændelsen: netop dig søgte jeg; thi alt, hvad der times mig, bliver mig et middel til udøvelsen af den dyd at handle efter fornuftens og samfundets love, den kunst i det hele, som har hensyn til mennesket eller til gud. Thi ethvert forhold, hvori jeg føres ind, knytter mig nær til gud eller mennesket; det er ikke noget fremmed eller uoverkommeligt, der møder mig, men noget vel kendt og let.

69.

At gennemleve hver dag som var det den sidste, hverken overanspændt eller slap og uden forstillelse, er sand livsvisdom.

70.

Guderne, der er udødelige, besværer sig ikke, når de gennem alle evigheder må tåle de slette, der er så mange og så uforbederlige; tværtimod, de bærer endog på mangfoldig vis omsorg for dem. Og du, hvis tilværelse haster mod enden, taber tålmodigheden, og er endda selv en af de slette.

71.

At ville være fri for andres ondskab, hvad der er umuligt, og ikke ville være fri for sin egen, hvad der dog er muligt, er latterligt.

72.

Hvad der ikke kan bringe noget udbytte for fornuften eller for samfundslivet, fortjener ikke at blive genstand for vor opmærksomhed.

73.

Når du har øvet en velgerning, og en anden har nydt godt af den, hvorfor vil du da være som dåren og endnu begære et tredje, at få ros og gengæld derfor.

74.

Ingen bliver træt af det, der skaffer ham fordel; men at handle efter naturens love er at gavne; bliv derfor ikke træt af gavne dig selv, medens du gavner andre.

75.

Alnaturens virksomhed har fra først af været rettet på den ordnede verdens frembringelse. Enten udvikler nu alt det vordende sig som en følge af hin første indvirkning, eller der findes intet fornuftigt, end ikke hos de ypperste væsener, som den verdensstyrende magt har dannet med særegen omhu. Denne tanke vil, så ofte du gennemtænker den, højlig bidrager til din sjæls beroligelse.

Ottende bog

1.

Hvis noget skulle kunne helbrede dig for tom ærgerrighed, da måtte det vel være den betragtning, at du ingensinde, og allermindst i din ungdom, har ført dit liv som en sand filosof, men at det tværtimod for mange andre og for dig selv er vitterligt nok, at du har været vidt fjernet fra filosofien. Her står du overfor en fejlslået beregning, og det vil falde dig vanskeligt at hævde dig navn af filosof. Din hele livsplan strider endog derimod. Har du nu ret forstået, hvorpå det her kommer an, lad da al tanke om anseelse fare, og lad det være dig nok at leve den korte tid, der endnu forundes dig, som din natur kræver det. Fæst dit blik ufravendt på denne din naturs vilje, og lad intet afholde dig derfra. Erfaringen har til fulde lært dig, hvor mange fejlgreb du har forskyldt uden nogensinde at finde den sande lykke. Du fandt den ikke i tankens spind, ikke i rigdom, ikke i ære, ikke i adspredelser, med ét ord, intetsteds. Hvorledes findes den da? Ene og alene ved at handle som den menneskelige natur kræver. Og hvorledes opfylder mennesket dette krav? Når det har faste grundsætninger, som leder al dets stræben og handlen. Hvilke er disse grundsætninger? De, som angå det gode og det onde, når nemlig intet holdes for godt for et menneske, som ikke gør det retfærdigt, mådeholdent, modigt og frit, og intet anses for ondt uden det, som har den modsatte virkning.

2.

Ved enhver handling, du vil udføre, forelæg dig det spørgsmål: Hvorledes forholder det sig med denne sag? Er det ikke noget, jeg vil komme til at fortryde? Om få øjeblikke er jeg død, og alt er forsvundet. Søger jeg da noget andet i dette mit forehavende, end at handle som det sømmer sig for et væsen, der er begavet med fornuft, som ofrer sig for samfundet og bestemmes af den samme lov som gud?

3.

Hvad er vel Alexander, Cæsar, Pompejus sammenlignet med Diogenes, Heraklit og Sokrates? Disse havde gennemforsket tilværelsen, erkendt tingenes natur, formen og stoffet, og deres grundsætninger var stedse de samme; men hine, hvor megen bekymring, hvor mange lænker har de ikke skabt sig selv!

4.

Om du så brast af harme, menneskene ville dog blive ved med at handle på samme måde, som de har gjort det hidindtil.

5.

Først og fremmest skal du bevare din rolighed uforstyrret, thi i alt, hvad der sker, råder alnaturen; selv vil du om en liden stund ikke være mere, og dit sted ikke kendes, som det er sket med Hadrian og Augustus. Dernæst skal du nøje ransage den sag, hvorom der handles, og hav stedse for øje, at du bør være et retskaffent menneske. Lad din gerning ikke vige

fra det, som den menneskelige natur kræver, og din tale ud-
trykke, hvad du anser for sandt og ret, men altid med velvilje,
beskedenhed og fuld oprigtighed.

6.

Den universelle natur arbejder stedse på at lade tingene
indtage en ny plads; den omdanner dem, tager dem fra det
sted, hvor de er, og fører dem hen til et andet. Overalt omskif-
telse, så det ikke er at befrygte, at noget nyt skulle indtræffe.
Alt sker på regelmæssig måde, og fordelingen er tilmed ligelig.

7.

Enhver natur når sit mål, når den udvikler sig frit efter sin
bestemmelse. Dette finder med det fornuftbegavede væsen
sted, når det ikke i sine forestillinger optager noget, der er
usandt eller dunkelt, når det udelukkende retter sin stræben
på almennyttige formål, kun føler attrå eller ulyst overfor det,
der står i dets egen magt, og omfatter med glæde den lod, al-
naturen har tildelt det. Thi det udgør selv en del af denne,
ligesom bladet er en del af træets natur, kun at den natur, bla-
det er delagtig i, er uden følelse og bevidsthed og udsat for at
standses af hindringer, hvorimod den natur, mennesket har
del i, ikke kan hæmmes, er begavet med fornuft og sans for
retfærdighed, og uddeler, i det for enhver passende mål, ligelig
til alle tid, stof og form, evner og tilsvarende ydre forhold, en
lighed, man vel ikke bliver opmærksom på, når man betragter
enkeltvæsenerne hver for sig, men kun når man sammenlig-
ner alle, der hører til samme klasse, med dem af en anden.

8.

Formår du end ikke at læse, der er dog det, du lige fuldt formår. Du kan dæmpe dit overmod, du kan agte lyst og smerte ringe, du kan hæve dig over tom ærgerrighed, du kan undlade at vredes på de ufølsomme og utaknemmelige, ja endog blive ved med at bære omsorg for dem.

9.

Lad ingen nogensinde høre dig føre klage over livet ved hoffet eller over dit eget liv.

10.

Fortrydelsen er en bebrejdelse, man gør sig selv over at have forspildt en fordel. Men den sande fordel og det eneste, hvorpå en god og ædel mand bør beflitte sig, er det gode. Ingen, som er ædel, vil fortryde at have forspildt en sanselig lyst. Den sanselige lyst er derfor hverken nogen fordel eller noget gode.

11.

Hvad er denne ting i sig selv efter sin ejendommelige natur? Hvilket er dens væsen og dens substans? Hvilken er dens idé og hvilken dens bestemmelse i verden? Hvor lang tid vil den bestå?

12.

Når det falder dig svært at rive dig løs fra søvnen, mind dig da om, at din egen såvel som den menneskelige natur i almindelighed er anlagt på at udfolde en almennyttig virksomhed, medens det at sove er noget, de ufornuftige skabninger har tilfælles med os. Men hvad der stemmer med ethvert væsens natur, er både det nærmest liggende, det passeligste og tilmed det mest tilfredsstillende.

13.

Søg stedse ved enhver genstand, der frembyder sig for din forestilling, så vidt muligt, at kende dens naturlige beskaffenhed, dens indvirkning på det sjælelige liv, og dens værd for den prøvende tanke.

14.

Så snart du kommer i berøring med nogen som helst, forelæg dig straks det spørgsmål: Hvilke anskuelser har denne om det gode og det onde? Kender du nemlig de anskuelser, han nærer om lyst og smerte og deres årsager, om ære og vanære, om død og liv, vil det hverken forbavse eller støde dig, at han handler, som han gør; det vil tværtimod stå klart for dig, at han med nødvendighed må handle således.

15.

Betænk vel, at ligesom ingen med rette kan undre på, at figentræet bærer figener, der lige så lidt er grund til at falde i forundring over, at verden bærer den frugt, som er den egen. Det ville jo være højst urimeligt, om lægen og styrmanden fandt det påfaldende, den ene, at den syge havde feber, den anden, at det var modvind.

16.

Selv om du forandrer din mening og retter dig efter en andens belæring, mister du ikke derfor din selvstændighed. Det er lige fuldt dig, der er den handlende, det er *din* hensigt, *dit* skøn og *din* tanke, der fuldbyrdes i handlingen.

17.

Beror tingen på dig selv, hvorfor gør du det da? Bærer en anden skylden, med hvem vil du gå i rette? Med atomerne, eller med guderne? Det ene er lige så vrangt som det andet. Du bør ikke gå i rette med nogen som helst. Formår du det, da belær den, som har fejlet; formår du ikke det, da ret i det mindste selve tingen; kan du heller ikke det, hvad gavner det dig at gøre bebrejdelser? Intet bør gøres, som er uden nytte.

18.

Hvad der dør, går ikke derfor ud af verden; det bliver i den og forvandles; det opløses i sine grundbestanddele, der er både universets og dine; og disse forvandles atter, uden at de beklager sig derover.

19.

Enhver ting er blevet til med et vist mål for øje, både hesten og vinranken. Forundrer dette dig? Også solen kan fortælle dig, i hvilken hensigt den er blevet til, og således også de andre guder. Men du, hvorfor er da du vel skabt? Mon for at nyde fornøjelser? Prøv selv, om den sunde fornuft tillader dig at tro det.

20.

Naturen har stedse et øjemed, ikke mindre med tingenes ophør end med deres oprindelse og deres bestående. Den ligner en, der kaster en bold. Er det vel et gode for bolden, at den stiger til vejrs, eller et onde, at den synker ned og falder til jorden? Eller er det et gode for vandboblen, at den holder sammen, eller et onde, at den brister? Og det samme må siges om lampen, som brænder og som slukkes.

21.

Betragt engang legemet, som det skæmmes af tiden, og se, hvad det bliver til, når det ældes, sygner hen og ånden forlader det. Kun en stakket stund varer livet både for den, som tildeler ros, og den, som roses, for den, som forherliger, og den, som forherliges; og skuepladsen for denne ophøjelse er endda kun en snæver krog af det jordstrøg, vi bebor, hvor tilmed ikke alle er enige med hinanden, ja, den enkelte næppe er enig med sig selv. Den hele jord er kun et punkt i det store univers.

22.

Fæst din opmærksomhed på den sag, du har med at gøre, på den anskuelse, du gør dig, den handlemåde, du følger, de ord, du betjener dig af. — Med rette må du bøde derfor, du som hellere vil blive en god mand i morgen end være det i dag.

23.

Hvad jeg skal udrette, gør jeg, idet jeg henfører det til mine medmenneskers vel: hvad der beskikkes mig, tager jeg imod, idet jeg henfører det til guderne, til den kilde, hvorfra alt, hvad der sker, har sit evigt ordnede udspring.

24.

Hvad viser et bad dig? Olie, sved, smuds, slim og uhumskhed, alt modbydeligt. Sådan er hver del af livet og alt det stoflige.

25.

Verus døde førend Lucilla, derpå døde Lucilla; Maximus døde førend Sekunda, snart derefter Sekunda; Diotimus førend Epitynkanus, derpå endelig Epitynkanus; Faustina gik bort førend Antoninus, snart derpå fulgte Antoninus hende. Således er det gået med dem alle. Hadrian døde førend Celer, derpå døde også Celer. Og nu hine skarpsindige ånder, som så de tilkommende ting forud, så høje i deres egne tanker, hvor er de nu? Begavede mænd som Kharax, platonikeren Demetrius, og endnu flere deres lige? Deres levetid var kun et døgn, de er for længst bortdøde. Så gives der atter dem, der aldeles ingen erindring har efterladt sig; nogle er blevet omtalt en føje tid, om andre tales der nu ikke et ord mere. Tænk nu på disse, og sig dig selv, at således skal engang også dine legemsdele opløses og din livsånde udslukkes, eller du skal vandre herfra og omplantes et andet sted.

26.

I gerning at øve det, som egner sig for mennesket, er sand glæde for mennesket. Men for mennesket er det egent at vise velvilje mod sine medskabninger, at være hævet over de sanselige drifter, at skelne det sande i forestillingerne, at beskue universets natur og tingenes overensstemmelse med dets love.

27.

Et tredobbelt afhængighedsforhold har vi at agte på. Forholdet til den materielle årsag, som omslutter den legemlige tilværelse; forholdet til den guddommelige årsag, fra hvilken alt, hvad der beskikkes enhver, har sit udspring, og forholdet til vore medlevende.

28.

Smerten er enten et onde for legemet, og da står det til dette at tilkendegive det, eller den er et onde for sjælen; men for denne er det altid muligt under smerten at bevare sin mildhed og ro og ikke anse den for et onde; thi enhver dom og enhver drift, enhver attrå og enhver afsky har sit sæde i vort indre, og dèr formår det onde ikke at trænge ind.

29.

Lad ikke de sanselige indtryk blive herre over dig, men sig stedse dig selv: Det står i dette øjeblik i min magt at bevare min sjæl fri for al slethed, al ond begærlighed og enhver lidenskab. Jeg tager tingene for hvad de er, og bruger dem efter deres værd. Husk vel på, at denne magt er dig givet og stemmer med naturen.

30.

Både i senatet og overfor enhver som helst bør din tale være rolig og værdig, ukunstlet, sund og ædruelig.

31.

Betragt Augustus' hof: hans ægtefælle, hans datter, hans efterkommere, hans forfædre, hans søster Agrippa, hans slægtninge, hans husfolk, hans venner, Arius, Mæcenas, hans læger, hans offerpræster, hele dette hof, som nu er uddøet. Gå så over til andre. Indskrænk dig ikke til den enkelte, men betragt hele slægter, som er udslukte, Pompejus' til eksempel, og læg mærke til den indskrift, der læses på så mangt et gravmæle: Han var den sidste af sin slægt, og betænk desuden, hvor møjsommeligt deres fædre havde stridt for at efterlade sig en arving, der kunne overleve dem, og dog var det uundgåeligt nødvendigt, at en måtte blive den sidste, så du atter her ser den hele slægt udslukket.

32.

Vi bør indrette vort liv således, at der hersker planmæssighed i alle de enkelte handlinger. Opnår handlingen, så vidt muligt, hvad der tilsigtes, bør du være tilfreds dermed. Og i virkeligheden er det umuligt, at nogen eneste kan forhindre det. — Men en udvortes hindring kan dog stille sig i vejen. — Intet kan forhindre dig i at gå frem med retfærdighed, besindighed og modent overlæg. — Men den fornyede anstrengelse kan atter blive frugtesløs. — Heller ikke dette. Tager du nemlig selve hindringen med fuld ro, og går du villigt ind på de forandrede forhold, vil der straks tilbyde sig en ny opgave for din handling, og ved at fyldestgøre denne vil du bevare den planmæssighed, hvorom jeg talte.

33.

Hovmod dig ikke, når du modtager; giv villigt hen, når du skal miste.

34.

Har du nogensinde set en afhugget hånd eller fod, eller et afskåret hoved ligge skilt fra kroppen, da har du et levende billede på, hvad et menneske, så vidt det står til det, gør sig selv til, når det vilkårligt afsondrer sig, idet det ikke vil finde sig i de vilkår, der er det bestemt, eller det foretager sig noget, der strider mod samfundets lov. Du har jo løsrevet dig fra den enhed, der var naturens værk; du var oprindelig en del af det hele, nu er du et afhugget lem. Men her finder det vidunderlige sted, at det endnu er muligt for dig at forny foreningen. Ingen anden del af det hele har gud forundt, at den, efter at være skilt og afskåret fra helheden, atter kan føje sig sammen med den. Her ser vi klart den godhed, gud har værdiget at bevise mennesket, at han først har givet det magt og frihed til at forblive i uafbrudt forbindelse med helheden, og dernæst, efter at det har løsrevet sig, endnu tilsteder det at vende tilbage, atter vokse sammen med det hele og indtage den plads, det tidligere havde.

35.

Ikke nok, at den fornuftige skabning har erholdt del i næsten alle de evner, der tilhører den almindelige fornuft; også denne særegne evne er skænket den, at, ligesom alnaturen formår at bøje det stridige, som gør modstand, underkaste det nødvendighedens lov og gøre det til en bestanddel af sig selv,

således er også den i stand til at forvandle enhver hindring,
der møder den, til et stof for sin virksomhed, og benytte den
som et middel for den hensigt, den just har foresat sig.

36.

Fyld ikke dit sind med ængstelse, når du kaster dit blik ud
over dit liv, og bliv ikke urolig ved forestillingen om de man-
ge og store besværligheder, som efter al rimelighed vil møde
dig i fremtiden; men tag alene hensyn til de genvordigheder,
som truer dig i øjeblikket, og spørg dig selv, om der virkelig
i dem er noget, som ikke kan udholdes og bæres, og du vil
rødme over din egen svaghed. Kom dernæst i hu, at det hver-
ken er det tilkommende eller det forbigangne, men stedse det
nærværende, som tynger, og dette vil tabe meget af sin vægt,
når du udelukker alt uvedkommende af din betragtning og
er rede til at gendrive dig selv, hvis du skulle mene, at du ikke
kan holde stand imod noget, der dog er så ringe.

37.

Panthea eller Pergamus kunne dog vel ikke uophørligt sid-
de ved deres herres grav, eller Khabrias og Diotimos stedse
dvæle ved Hadrians. Det ville jo være latterligt. Men, om de
forblev dèr, ville hine da mærke det? Og om de mærkede det,
kunne det vel glæde dem? Eller, hvis det glædede dem, ville de
da selv blive udødelige? Er det ikke således bestemt af skæb-
nen, at også de først skulle blive gamle og derefter dø? Og
hvad ville så endelig hine gøre, når disse er døde? — Det er alt
stank og uhumskhed på bunden af sækken.

38.

Har du det skarpe blik, brug, som det er sagt, din skarpsindighed, hvor visdom gøres mest behov.

39.

En dyd, der står i strid med retfærdigheden, kan jeg ikke tænke mig i det fornuftige væsens natur, men vel en dyd, som står lysten imod, nemlig afholdenheden.

40.

Når du aflægger din mening om dette eller hint, som synes at ville volde dig smerte, vil du befinde dig i en tilstand af fuldstændig tryghed og ro. — Hvem er efter din mening den, som gør dette? — Fornuften. — Men jeg er ikke fornuften. — Nuvel; kun at din fornuft ikke tilføjer sig selv unødig smerte, og hvis nogen anden del af dig lider noget ondt, lad da denne selv danne sig en mening derom.

41.

Hvad der er en hæmning for følelseslivet, er et onde for den animalske natur; hvad der er til hinder for en drifts tilfredsstillelse, er ligeledes et onde for det dyriske liv; atter kan noget være en hæmning og et onde for den vegetative del af vort væsen. På samme måde må det, som hindrer fornuftens virksomhed, være et onde for vor åndelige natur. Anvend nu alt dette på dig selv. Berøres du af smerte eller lyst? Det får være den sanselige naturs sag. Stiller der sig en hindring i vejen for din naturlige vilje, og du opfatter denne din vilje som ubetinget, da må det blive et onde for dig som fornuftvæsen. Bøjer du dig derimod for den lov, som gælder for alle, har du hverken lidt nogen skade eller mødt nogen hindring. I den virksomhed, der tilhører ånden som sådan, kan ingen trænge forstyrrende ind, hverken ild eller jern, ikke tyrannen, ikke bagvaskelsen, intet som helst formår at røre den. Hvad der er dannet som en kugle, må altid beholde kuglens skikkelse.

42.

Det var ikke ret, om jeg ville volde mig selv nogen sorg, jeg, som aldrig forsætlig har voldt andre sorg.

43.

En glæder sig ved dette, en anden ved hint; *min* glæde er det, at have en sund sjæl, som ikke vender sig ligegyldig bort fra noget menneske eller ringeagter menneskenes skæbne, men møder og modtager alt med mild ro og bruger enhver ting efter dens værd.

44.

Betragt den tid, hvori du nu lever, som den, hvortil du er henvist; de, som sætter alt ind på at opnå berømmelse hos efterkommerne, betænker ikke, at disse vil være væsener, der i ét og alt ligner dem, hvilke de nu finder så besværlige; også de ville være dødelige. Og hvad vægt ligger der da på, at deres tale genlyder af din pris, eller hvilken mening i det hele sådanne har om dig?

45.

Tag mig og kast mig, hvorhen du vil; også dèr skal min genius følge mig huldrig, nøjet og tilfreds med at være og virke i overensstemmelse med sin natur og bestemmelse. Fortjener vel nogen skæbnens omskiftelse at anslås så højt, at min sjæl derfor skulle lide ilde, fornedre sig selv, blive nedslagen og utålmodig, eller tabe fatningen og reddes? Og gives der vel noget, der var et sådant offer værd?

46.

Der kan ikke times et menneske noget, som jo må betragtes som en menneskelig tilskikkelse. Hverken oksen eller vinranken eller stenen hændes noget, som ikke egner sig just for dem. Men hændes nu ethvert væsen kun det, som passer for det og stemmer med dets natur, hvorfor besværer du dig da? Alnaturen lægger ikke nogen byrde på dig, som ikke kan bæres.

47.

Hvis der er noget i de ydre forhold, der forårsager dig bekymring, da er det dog egentlig ikke disse, der bærer skylden, men det er den dom, du fælder over dem; og denne står det jo i din magt øjeblikkelig at ophæve. Er det derimod noget i din indre sjælstilstand, der foruroliger dig, hvem kan da hindre dig i at rette din anskuelse? Og fremdeles, hvis det er dette, du tager dig nær, at du ikke kan iværksætte, hvad du anser for det ene rigtige, hvorfor vælger du da ikke at handle i stedet for at sørge? — Men vanskelighederne er uovervindelige, siger du. — Bekymr dig ikke derom; årsagen til at du intet udretter, afhænger jo ikke af dig. — Men døden er mig kærere, når jeg skal lade denne gerning ugjort. — Forlad da kun livet mild, som den dør, der har udrettet, hvad han ville, forsonet i dit sind overfor de hindringer, der mødte dig.

48.

Læg mærke til, hvilken uovervindelig magt mennesket besidder i sin ånd, når den samlet i sig selv og sig selv nok, intet gør, som den ikke vil, og at den har denne magt selv da, når den sætter sig op imod fornuftens bud; hvor meget mere må den ikke besidde den, når den tager fornuften på råd og dømmer efter modent overlæg? Derfor er sjælen, som er fri for lidenskaben, en befæstet borg, og der gives intet stærkere værn, hvorhen et menneske kan ty og være sikret mod ethvert angreb. Den, som ikke indser dette, er uvidende; men den, som indser det og ikke søger sin tilflugt dèr, er ulykkelig.

49.

Gå ikke ud over den forestilling, det første blik på tingene bibringer dig. Det forebringes dig, at en eller anden taler ilde om dig. Ganske vist. Men at du skulle føle dig krænket derved, har ingen forebragt dig. Jeg ser, at mit barn er sygt. Vist nok. Men at det svæver i fare, ser jeg ikke. Således bør du stedse blive stående ved det første indtryk uden at lægge noget til af dit eget indre, og intet kan gå dig nær. Eller rettere, gør dig kun, om du vil, dine egne tanker, men som den, der er vel bekendt med alt, hvad der tildrager sig i denne verden.

50.

Denne agurk er bitter. Læg den fra dig. Vejen er fuld af torne. Gå uden om dem. Lad det være nok hermed; gå ikke videre, spørg ikke: Hvorfor er disse ting i verden? hvis du ikke vil, at naturforskeren skal spotte over dig, ligesom du ville blive udleet af snedkeren og skomageren, når du lagde dem til last, at der i deres værksteder fandtes spåner og alle hånde affald af de ting, de forarbejder. Og disse sidste har dog et sted, hvor de kan henkaste sligt, hvorimod alnaturen ikke har nogen plads udenfor sig. Og dette er netop det beundringsværdige ved dens kunst, at, medens den omslutter alt i sig, omsætter den alt det, der truer med at fordærves eller blive gammelt og unyttigt, i sig, og danner deraf nye genstande, så at den ikke behøver at hente sit stof udefra, eller trænger til et sted, hvor den kan henkaste det forrådnende, men den plads, det stof, den kunst, den råder over, er tilstrækkelig for den.

51.

Ikke være træg i handling, ikke heftig og urolig i tale, ikke svævende og uklar i tanken, ikke fordybet sig i sig selv eller hastig opblussende, ikke i livet sysle travlt med mange ting. — menneskene myrder, lemlæster, forbander. Har dette da magt til at hindre sjælen i at bevares ren, forstandig, besindig, retfærdig? Bliver kilden ikke ved med at udgyde sin læskende drik lige klar og liflig, om så en forbigående udskælder og forbander den? Ja, selv om nogen kaster skarn og dynd i den, vil den jo snart opløse og bortskylle det, og ikke lade sit rene væld besmittes deraf. Men hvorledes kan nu du have en levende kilde i dit indre og ikke en brønd, som udtørres? Når du dag for dag tilegner dig frihedens gode, er kærlig, oprigtig, ærefrygtig.

52.

Den, som ikke véd, at der er en verden til, véd ikke, hvor han er; den, som ikke véd, hvorfor han er blevet til, véd ikke, hvem han selv er, eller hvad verden er; og den, som er uvidende om en af disse to ting, kan heller ikke sige, hvorfor naturen har skabt ham. Men hvad tykkes dig nu om den, der frygter dadel eller tragter efter ros af sådanne, der hverken véd, hvor de selv er, eller hvem de er?

53.

Kan du attrå at blive rost af et menneske, som forbander sig selv hver time på dagen? Kan det være dig kært, at være den til behag, som ikke har behag i sig selv? Behager den sig selv, der angrer så godt som alt, hvad han gør?

54.

Ikke nok, at du indånder den luft, der omgiver dig; også det åndelige element, der omslutter alt, bør du optage i dig. Thi der gives en åndelig magt, der er udbredt alle vegne og gennemtrænger enhver, der er i stand til at drage den til sig, lige såvel som luften meddeler sig til enhver, der er skikket til at ånde den.

55.

Set fra et almindeligt synspunkt er det onde ikke til skade for verden; i det enkelte tilfælde er det ikke til skade for nogen anden end den, hvem det i øvrigt er forundt ganske at befri sig derfra, når han kun selv vil det.

56.

For *min* personlighed er min næstes personlighed noget lige så ligegyldigt som hans åndedræt og hans legeme. Sandt nok, det ene menneske er blevet til for det andets skyld; men den ånd, som råder i hver enkelt, er ikke desto mindre noget selvstændigt for sig selv. Var det ikke så, måtte min næstes ondskab også gøre mig ond; men dette har gud ikke villet, for at det ikke skulle bero på en andens vilkårlighed, at jeg blev ulykkelig.

57.

Sollyset synes at udgydes af et væld, og det udgydes i virkeligheden også over hele verden uden dog at udtømmes; thi denne udgydelse er snarere en udvidelse, hvorfor også det ord, som i græsk betegner „solstråler", afledes af et ord, som betyder „at udstrække". Hvorledes solstrålen er beskaffen, kan man se, når man iagttager sollyset, der gennem en snæver åbning baner sig vej ind i et mørkt rum. Det bevæger sig i lige retning, indtil det ligesom brydes, når det møder en fast genstand, der forhindrer luftens gennemtrængen. Her bliver det stående, det glider ikke af eller falder ned. På samme måde bør åndens virksomhed gå for sig: en udgydelse, ingen udtømmelse, men en udvidelse. Møder den en hindring, må sammenstødet ikke være heftigt eller voldsomt, heller ikke må den lade sig kaste bort derfra, men forblive og oplyse den genstand, der modtager den; den, som ikke åbner sig for den, berøver sig selv dens glans.

58.

Den, som frygter for døden, frygter enten for, at al sansning skal ophøre, eller at den skal blive af en anden art end den nærværende. Men hører al fornærmelse op, kan du heller intet ondt fornærme; erholder du derimod en ny sans, er du blevet et væsen af en ny art, men ophører ikke at være til.

59.

Menneskene er blevet til for hverandres skyld: belær dem derfor, eller bær over med dem.

60.

Pilens bevægelse og tankens bevægelse er forskellige; men om end den sidste går langsomt frem og standser for at overveje, føres den dog frem ad den lige vej og når det foresatte mål.

61.

Søg at sætte dig ind i de grundsætninger, af hvilke andre ledes, og giv alle og enhver uhindret adgang til at kende dine.

Niende bog

1.

Den, som begår uret imod andre, handler ugudeligt. Da nemlig alnaturen har skabt de fornuftige væsener for deres fælles vel, i den hensigt, at de skal stå hverandre bi efter fortjeneste og på ingen måde tilføje hinanden skade, er det åbenbart, at den, der overtræder denne naturens vilje, krænker den ærværdigste guddom. Også den, som lyver, forsynder sig imod naturen; thi den almindelige natur er alt det værendes natur, og den hele tilværelse er sammenknyttet ved et inderligt slægtskabs bånd. Derfor er naturen også at kalde sandheden, og den er alt det sandes første årsag. Den nu, som forsætligt lyver, handler ugudeligt, for så vidt som han gør uret og bedrager sine medmennesker; den, som lyver ufrivilligt, gør det, for så vidt som han er splidagtig med den almindelige natur og forstyrrer den i verden herskende orden, idet han gør sig til en fjende af naturens love; og dette gør enhver, der, om end uvillig, befinder sig i modsigelse med sandheden; thi naturen har oprindelig udrustet ham med de fornødne evner og midler; men fordi han ikke agtede derpå, har han nu bragt det så vidt, at han ikke mere kan skelne sandt fra usandt. Også den, der tragter efter nydelsen som et gode og skyr smerten som et onde, er ugudelig; thi han vil ikke kunne undgå mangen gang at dadle alnaturen, som uddelte den uden hensyn til fortjeneste sine gaver i flæng til onde og gode, når han nemlig ser hine leve i nydelser under forhold, som begunstiger dem, disse hjemsøgte af lidelser uden midler til at afvende dem. Fremdeles vil den, som frygter smerten, også frygte mangt og meget, som livet uundgåeligt medfører, hvilket allerede er ugudeligt; og atter vil den, der tragter efter nydelsen, ikke afholde sig fra at gøre uret, hvad der åbenbart er ugudeligt. I alle ting nemlig, på hvilke naturen ikke gør nogen forskel — og den vil ikke uden forskel tildele det behagelige og det ubehagelige, hvis den ikke i begge henseender forholdt sig aldeles ligegyldig — i alt sådant bør også den, der med fuldt samtykke vil efterfølge naturen, forholde sig på lignende måde. Den derfor, der ikke betragter smerte og lyst, død og liv, ære og vanære, ting som naturen uden forskel gør brug af, som noget ligegyldigt, er åbenbart ugudelig. Når jeg siger, at alnaturen uden forskel gør brug af disse ting, mener jeg, at de uden forskel hændes alle de væsener, som bliver til og følger efter hinanden, og at alt sker i kraft af en oprindelig forsynets akt, ved hvilken det i begyndelsen beskikkede sig til at frembringe den nuværende verdensorden, og efter en forudfattet plan nedlagde de spirer, hvoraf hele tilværelsen med dens forandringer i skiftende følge skulle udvikle sig efter bestemte love.

2.

Den ønskeligste lod for et menneske ville det være, om han kunne forlade denne verden ukendt med løgn og forstillelse, blødagtighed og hovmod. Men er det umuligt at undgå berøring dermed, da bliver det den bedste vinding, snart at udånde sin sjæl, fremfor at tilbringe sit liv i samkvem med ondskaben. Du véd jo dog at fly det sted, hvor der er pest; men den pest, der er sjælens fordærvelse, er noget langt værre, end at den luft, vi ånder, er svanger med gift; thi denne rammer kun den dyriske natur som sådan, men hin fordærver selve mennesket som menneske.

3.

Kast ikke foragt på døden, men lad den være dig kær som en af de tilskikkelser, hvori naturen udtrykker sin vilje. Thi ligesom det forholder sig med det at være ung og at ældes, at vokse og nå den modne alder, at få tænder, at få skæg, at blive gråhærdet, at avle, at undfange, at føde, og med de andre naturlige virksomheder, hvilke livets skiftende aldre medfører, således forholder det sig også med det at opløses. Derfor bør det menneske, som tænker alvorligt derover, hverken betragte døden med ligegyldighed eller med heftighed eller overmod, men se den i møde som en af naturens nødvendige virksomheder. Netop som du venter på det øjeblik, da fosteret i din hustrus liv skal forlade moderskødet, således forventer du også den time, da din sjæl skal udløses af sit svøb. Ønsker du imidlertid et simpelt middel, som ufejlbarligt vil bevirke at du bliver vel stemt overfor døden, da behøver du blot at overveje, hvilke de omgivelser er, som du forlader, og hvor usle de mennesker, fra hvis samkvem du befris. Sandt nok, vi bør på ingen måde tage anstød af vore medmennesker, men tværtimod vise omsorg for dem og omgås dem med blidhed; alligevel ligger den tanke nær, at det ikke er fra ligesindede væsener vi skilles; thi, hvis ellers noget, måtte dette kunne holde os tilbage og fængsle os til livet, når det var os forundt at leve sammen med sådanne, der hyldede de samme anskuelser, som vi selv. Men nu, hvilke kvaler afføder ikke den misstemning, der skiller dem, der lever sammen, fra hverandre, så du vel må udbryde: Kom snart, o død, at jeg ikke til sidst også skal komme i splid med mig selv!

4.

Den, som synder, synder imod sig selv. Den, som gør ondt, skader sig selv, idet han gør sig selv ond.

5.

Vi forsynder os lige så ofte ved det, vi undlader, som ved det, vi gør.

6.

Er din opfattelse af de givne forhold sund og rigtig, din handling rettet på samfundets tarv, og dit sind tilfreds med, hvad den højeste årsag vil beskikke dig, bør dette være dig nok.

7.

Udslet de sanselige indtryk, betving driften, udsluk lidenskaben, giv fornuften ubetinget råderum.

8.

Det er én og samme sjæl, der er fælles for alle de fornuftløse skabninger, én og samme åndelige natur, der er fordelt mellem de fornuftige væsener, ligesom der kun gives én jord for alle de jordiske ting, ét lys, hvori vi alle ser, én luft, hvori vi og alle levende skabninger ånder.

9.

Hos alle ting, der er af samme natur, ytrer sig en drift til at forene sig med det ensartede. Hvad der er af jordisk art, synker til jorden, det væskeagtige flyder sammen, ligeledes det

luftformige, så at delene kun ved tvang kan holdes skilt fra
hinanden. Ilden luer vel i vejret formedelst elementarilden,
men flammen meddeler sig villigt til alt brændbart, så at et-
hvert stof, der er nogenlunde tørt, straks antændes, eftersom
kun en ringere del af det, som modstår ilden, er indblandet
i det. På lignende måde vil også det, som har del i den fælles
fornuftige natur, føle sig draget mod det beslægtede, og det
i en endnu højere grad; thi af jo ædlere natur noget er, des
stærkere vil også driften til sammenslutning og samværen ytre
sig. Allerede hos de fornuftløse dyr finder man flokke, hjorde,
ernæring af yngelen, en art kærlighed. Her er allerede et sjæ-
leligt liv til stede, og samfundsdriften endnu tydeligere udtalt
end i plante- og stenriget. Hos de fornuftige væsener træffer vi
borgerlige samfund, forbindelser i venskab, i familier og sam-
lag af forskellig art, selv i krig forbund og våbenstilstande. Går
vi endnu højere, finder vi en vis enhed også hos de væsener,
der er videst fjernet fra hverandre, som hos stjernerne. Således
viser det sig, at jo højere vi stiger op, desto stærkere fremtræ-
der samstemningen, endogså mellem det vidt adskilte. Men
hvad får vi nu at se? Alene hos de fornuftige væsener er denne
trang til samvær og enigt sammenhold som udslukket; alene
her opdager vi ikke spor af denne gåen op i hinanden. Og dog,
hvor meget de end flyr hverandre, bliver de dog atter draget
tilsammen. Naturen er her den stærkeste. Giv kun agt, og du
skal før træffe en sten, der ikke synker til jorden, end et men-
neske, der har afbrudt alt samkvem med mennesker.

10.

Både mennesket og gud og verden bærer frugt; enhver af
dem bærer frugt i sin tid. Vel bruges ordet sædvanligvis kun

om planter, som om vinranken, men dette betyder intet. Også fornuften bærer sin frugt, både en almindelig og en særegen, og af denne fremgår atter andre, der er af samme beskaffenhed som selve fornuften.

11.

Belær den fejlende, hvis du kan; formår du det ikke, vis ham dog velvilje, og glem ikke, at just dertil er denne evne dig givet. Selv guderne viser velvilje mod sådanne og hjælper dem ofte til sundhed, rigdom og ære; så stor er deres godhed; det samme kan jo også du gøre. Eller sig, hvem hindrer dig vel?

12.

Arbejd, ikke som den, der føler sig besværet, eller som den, der vil enten ynkes eller beundres, men som den, der kun vil dette ene, at virke eller holde sin virksomhed tilbage, alt efter som hensynet til samfundets vel kræver det.

13.

I dag er jeg sluppet bort fra alle besværligheder; eller, rettere sagt, jeg har drevet alle besværlighederne ud af mig; thi de var ikke udvortes, men indvortes i mine forestillinger.

14.

Tingene bliver stedse de samme, som vi én gang har lært dem at kende af erfaring; deres tid en dag, deres stof smuds; alt er nu, hvad det var, da de levede, som vi begravede.

15.

Tingene befinder sig udenfor os, de består for sig selv; de hverken véd noget om sig selv, eller meddeler os noget. Hvem lærer os da noget om dem? Vor fornuftige ånd.

16.

Hvad der er ondt eller godt for det fornuftige væsen, der lever i et samfund, bestemmes ikke ved dets liden, men ved dets gøren; ligesom dyden og lasten ikke er en tilstand, men handling.

17.

For den sten, som kastes op i luften, er det lige så lidt et onde at falde ned, som det var et gode for den at stige i vejret.

18.

Træng ind i hjerterne, og du skal få at se, hvad det er for dommere, du frygter, og hvilke dommere de er overfor sig selv.

19.

Alle ting er underkastede omskiftelse; selv er du en uophørlig forandring undergivet, en fortsat gåen til grunde kunne man næsten sige, og som du, således den ganske verden.

20.

Den fejl, som er en andens, bør overlades til ham.

21.

Når en virksomhed standser, en attrå eller forestilling ophører og ligesom dør, da er dette aldeles ikke noget onde. Tænk dig nu livets forskellige aldre, barnets, drengens, ynglingens, oldingens; og enhver af disse overgange er jo en død; er dette da så forfærdeligt? Genkald dernæst i din erindring det liv, du har tilbragt først hos bedstefaderen, så hos moderen, derpå hos faderen, og de mange andre vekslende forhold, du kan mindes, og spørg dig atter selv, om der vel var noget forfærdeligt heri. Således kan heller ikke hele livets slutning, dets ophør og forvandling anses for noget frygteligt.

22.

Vær snar til at prøve den ånd, som leder dig selv, den ånd, som leder universet, og den, hvoraf dit medmenneske ledes. Din egen, for at du må tilegne dig et retfærdigt tankesæt; universets, at du må mindes, af hvilket hele du udgør en del, og dit medmenneskes, for at du kan vide, om det handler i uvidenhed eller med velberåd hu, og samtidig ikke glemme, at det er din frænde.

23.

Ligesom du selv er et led, indordnet i det samfundet omfattende hele, således bør også enhver af dine handlinger for sin del medvirke til udfoldelsen af dette samfunds liv. Den handling derfor, som ikke, middelbart eller umiddelbart, sigter mod dette selskabelige mål, splitter dit liv, berøver det dets enhed og er oprørsk, ligesom den, der i folket skiller sig med sit parti fra den fælles enige samvirken, er en oprører.

24.

Småbørns kiv og leg, stakkels sjæle, som bærer på lig, et levende billede af skyggernes tilværelse i underverdenen!

25.

Gå tilbage til årsagens væsen og betragt det i og for sig, afsondret fra det materielle; beregn dernæst den tid, i hvilken dette særegent bestemte væsen kan vedvare.

26.

Du har lidt uendeligt, fordi du ikke har ladet det være dig nok, at din fornuft udøvede den virksomhed, hvortil den er bestemt; men du véd det jo fuldt vel.

27.

Når andre laster dig eller hader dig eller skænder og skælder, træng da ind i deres sjæle, gennemsku dem, og se, hvad det er for mennesker, du har med at gøre, og du vil finde, at du ikke behøver at lade det gå dig nær, hvad slige folk måtte mene om dig. Ikke desto mindre bør du bevare din velvilje for dem; thi naturen vil, at I skal elske hverandre; ja, selv guderne hjælper dem på mange måder, både ved drømme og ved spådomme, til opnåelsen af det, deres ønsker går ud på.

28.

Alt i verden gentager sig i et ustandseligt kredsløb, fra øverst til nederst, fra evighed til evighed, enten nu den universet styrende tanke griber ind i hver enkelt begivenhed — og da modtager du villigt det således bevirkede —, eller den kun én gang har været virksom, hvorpå det ene udvikler sig med nødvendighed af det andet, og alt udgør som et hele, eller endeligt alt er fremgået af atomer, det vil sige, udelelige enheder. Med ét ord: Er der en gud, da er alt vel; sker alt tilfældigt, er du dog ikke tilfældet undergivet. Snart skal jorden skjule os alle; derpå vil også den blive forvandlet, og det nye, som opstod, skal atter forvandles, og atter dette, og således i det uendelige. Men den, som fæster sit blik på denne evigt bølgende veksel og omskiftelse, og på den hastighed, hvormed den foregår, må vel føle sig grebet af dyb foragt for alt dødeligt.

29.

Bag tilværelsen ligger en magt, der som en rivende strøm fører alt med sig. Hvor enfoldige er dog de stakkels mennesker, der i deres indbildte visdom mener at kunne ordne statens sager med deres filosofi, og er dog endnu så langt fra målet! Hvad er der da for dig at gøre, o menneske? Stræb at udrette det, naturen netop nu kræver af dig; virk, når dit arbejde påkaldes, og spejd ikke efter, om nogen agter på, hvad du gør. Nær heller ikke nogen forventning om den platoniske stat, men vær tilfreds med hvert nok så lille fremskridt, og agt det ikke ringe, om det lykkes dig. Thi hvem formår vel at forandre menneskenes sindelag? Og hvad er uden en sådan forandring deres lydighed andet end trælles, der sukker, medens de lader, som handlede de af overbevisning? Nævn mig kun Alexander, Filip, Demetrius Falereus. De får se, om de har kendt naturens vilje, og om de har forstået at optugte sig selv derefter. Har de kun udført en skuespillers rolle, da skal ingen fordømme mig til at træde i deres fodspor. Filosofiens gerning er enkel og beskeden. Lær mig blot ikke tom opblæsthed.

30.

Kast dit blik ovenfra hen over de levendes myldrende mængde; betragt de talløse ceremonier, denne travle sejlads både i storm og i vindstille, denne brogede mangfoldighed af væsener, der bliver til, lever med hverandre, skilles fra hverandre; tænk på de mange, hvis liv for længst er levet, på dem, der skal leve efter dig, og dem, der nu lever i de fremmede folkeslag; hvor mange der er, som end ikke kender dit navn, hvor mange, der inden kort tid vil glemme det, hvor mange, der måske roser dig i dag og vil dadle dig i morgen, og du vil indse, at hverken ihukommelse eller ære eller noget af alt dette er værd, at vi skulle agte derpå.

31.

Urokkelig fasthed overfor det, som de ydre årsager bevirker, ubrødelig retskaffenhed, hvor du selv er den bestemmende årsag. Det vil sige: Al din tragten og handlen bør have til endemål at tjene det almene vel, eftersom denne handlemåde er dig foreskrevet af naturen.

32.

For mangen overflødig bekymring, der tynger på dit sind, vil du uden vanskelighed kunne blive befriet, da den alene har sin grund i din forestilling. Du kan, når du vil, udvide din synskreds uendeligt, idet du med din tanke omspænder hele tilværelsen, betragter tidens evighed og den hastige omskiftelse, hver enkelt genstand er underkastet, og betænker, hvor forsvindende kort det tidsrum er, der ligger mellem tingens tilblivelse og dens ophør, hvor umåleligt derimod det tidsafsnit, der går forud for tingens tilværelse, og atter hvor dybt det svælg, der åbner sig på den anden side.

33.

Alt det, du ser, skal om en stakket tid forgå, og de, som ser alle ting forgå, skal selv lige så hastigt blive forgængelighedens bytte. Den, som dør i den højeste alder, har intet forud for den, der dør en tidlig død.

34.

Betragt disse menneskers usle sjæle i deres nøgenhed; læg mærke til, hvad der bor i deres inderste, hvad det er for ting, de ofrer deres brændende iver, og af hvilke grunde de ærer og elsker. Og så mener de, at de kan skade, når de bagvasker, eller gavne, når de ødsler med deres ros og lovprisning! Hvilken opblæsthed!

35.

Intet ophører at være til, alt omskriftes. Denne veksel behager den universelle natur, og hvad der sker i overensstemmelse med den, er godt. Sådan har tingene været fra første begyndelse, og sådanne vil de blive ved med at være i al evighed. Hvorledes kan du da sige, at alt er idel ondt, både hvad der er sket og hvad der skal ske, og tro, at der iblandt så mange guder ikke skulle findes én eneste, der formåede at afhjælpe manglerne, men verden skulle være fordømt til uophørligt at være indviklet i det onde?

36.

Hvor fult og forkrænkeligt er ikke det stof, der udgør substansen i alle ting: vand, støv, ben, smuds? Således er marmoret forhærdede jorddannelser, guldet og sølvet et bundfald, vor klædning hår, purpuret blod, og på lignende måde alle andre ting. Også den livsånde, som opholder legemet, er af samme beskaffenhed; den udgår fra et element og vender tilbage dertil.

37.

Lad nu dette jammerfulde liv få ende, denne misfornøjede knurren, al denne abeagtige færd. Hvorfra denne uro? Er der da hændt noget nyt? Hvad er skyld i, at du er som ude af dig selv? Er det alle tings årsag? Bese den nøje! Eller er det materien? Fæst dit blik derpå! Udenfor disse to gives der intet. Se dog til, at du for gudernes åsyn må blive et oprigtigere og bedre menneske! Om du udforsker tingene i hundrede eller i tre år, er ét og det samme.

38.

Har denne begået en fejl, er det et onde for ham selv; og måske har han endda ikke begået den.

39.

Enten udgår alt fra én fælles kilde, som er fornuften, der virker i alt som i et eneste legeme, og den enkelte del har ikke ret til at beklage sig over, hvad der sker for det heles skyld; eller alt er atomer og intet andet end disses sammenhobning og adspredelse. Hvad foruroliger dig da? Vil du sige til den åndelige del af dit væsen: Du er død, tilintetgjort, du er et skin, din lod er som dyrenes, der samles i flokke og æder sig mætte?

40.

Enten er guderne afmægtige, eller de formår noget. Hvis de intet formår, hvorfor beder du da til dem? Men formår de noget, hvorfor vil du da ikke hellere bede dem om at befri dig fra at frygte for dette, fra at attrå hint, og fra at sørge over dette, end bede dem om, at dette, som du frygter for, ikke må ske, eller at dette, som du ønsker, må ske. Thi kan guderne overhovedet stå menneskene bi i noget, da formår de det også heri. Du vil måske sige, at dette er noget, guderne har lagt i din egen hånd. Men er det i så fald ikke bedre, at du bruger de ting, du selv er herre over, med frihed, end at du med lavt trællesind hendrages til de ting, som ikke står i vor magt? Og hvem har vel sagt dig, at vi ikke behøver gudernes hjælp i de ting, som beror på os selv? Begynd kun at bede om sådanne ting, og du skal få at se, hvad der da vil følge. En beder om tilfredsstillelse af sin vellyst; bed du om, at du ikke må have sådan attrå. En anden beder om, at han må blive befriet for denne eller hin plage; bed du om, at du ikke må føle trang til at befris fra den. Hin beder om, at hans barn ikke må tages fra ham; bed du om, at du roligt må kunne bære dets tab. Giv dine bønner stedse denne retning, og se kun, hvad der da vil følge.

41.

Når jeg var syg, siger Epikur, talte jeg aldrig med dem, der besøgte mig, om legemets lidelser, og jeg vogtede mig vel for at drage dette emne ind i samtalen. Derimod fortsatte jeg de undersøgelser, jeg havde begyndt angående tingenes natur, og påviste navnlig, hvorledes sjælen, trods dens deltagelse i det, der angriber legemet, nyder en uforstyrret ro og bevarer sit ejendommelige gode uskadt. Heller ikke, siger han, gav jeg lægerne nogen anledning til at bryste sig, som om de havde udrettet noget stort, men jeg førte mit liv lige vel og tilfredsstillende. På samme måde bør du forholde dig, når du er syg, og under hvilken som helst modgang. Denne grundsætning er nemlig fælles for alle skoler: aldrig at svigte filosofien, hvad der så indtræffer, ikke heller indlade sig i snak med uvidende, der mangler indsigt i naturen, men udelukkende fæster sine tanker på det, som nu skal gøres, og på de midler, som nu skal anvendes dertil.

42.

Så ofte du føler dig fornærmet ved nogens uforskammethed, så forelæg du dig straks det spørgsmål: „Er det vel muligt, at der ikke skulle findes uforskammede i verden?" Nej, det er ikke muligt. Forlang da ikke det umulige. Denne er jo kun én af de uforskammede, som må findes i verden. Den samme tanke har du til rede overfor bedragere, troløse og lastefulde af enhver art. Føler du dig nemlig forvisset om det uundgåelige, at sådanne må være til, vil du også være mildere stemt imod enhver af dem, når du træffer dem enkeltvis. Også er det godt at have øje for, hvilken dyd naturen har givet mennesket som våben imod denne eller hin last. Således har den givet os blidheden som modgift imod utaknemmeligheden, og i det hele imod hver enkelt fejl en særegen dyd. Endelig er det tilladt at belære den, som er faret vild; enhver fejlende er nemlig at betragte som en vildfarende, der har forfejlet det foresatte mål. Tilmed har du jo ikke lidt nogen skade; du vil nemlig finde, at ingen af dem, du vredes på, har forskyldt noget, der kunne forringe din sjæls værd; og alene heri består det i sandhed onde og skadelige. Hvad ondt eller påfaldende er der så egentlig deri, at den, som mangler opdragelse, handler, som man kan vente det af en sådan? Se engang til, om du ikke snarere må rette beskyldningen mod dig selv, fordi du ikke forudså, at dette menneske ville forse sig på denne måde. Din fornuft gav dig tilstrækkelig grund til at formode, at han ville begå denne fejl, men du gav ikke agt derpå, og nu forundrer du dig over, at han har forset sig.

I særdeleshed når det er troløshed eller utaknemmelighed, hvorfor du retter bebrejdelser mod nogen, bør du gribe i din egen barm. Fejlen er åbenbart din egen, hvad enten du er gået ud fra, at et menneske med en sådan karakter ville holde sit ord, eller du, idet du øvede en velgerning, har gjort det med en bitanke og søgt anden løn end den, selve din gerning måtte forskaffe dig. Hvad kan du ville mere end at have gjort vel imod et menneske? Er dette ikke nok? Du har handlet, som din natur krævede det; begærer du løn derfor? Det er jo det samme, som når øjet ville forlange en godtgørelse, fordi det ser, eller fødderne, fordi de går. Thi ligesom disse organer, når de har opfyldt den særegne bestemmelse, hvorfor de er dannet, har erholdt, hvad der tilkommer dem, således har også mennesket, der er skabt til at gøre vel, når det øver en velgerning eller på anden måde deltager i at befordre almenvellet, fået, hvad der tilkommer det.

Tiende bog

1.

Når vil du dog engang, kære sjæl, blive god, oprigtig, stedse ens sindet, åbenlys for alle, gennemsigtigere end det dig omgivende legeme? Når skal du smage den lyst at omfatte alt med kærlighed? Når skal du engang have nok i dig selv, ikke trænge til noget, ikke længes, ikke begære noget, hverken levende eller livløst, for deri at finde nydelse, ikke tid for at nyde desto længere, ikke sted eller egn, ikke klimaets mildhed eller menneskenes føjelighed, men tilfreds med den nærværende orden fryde dig over det, som er for hånden, forvisset om, at du har alt, hvad du behøver, at alt er til dit bedste, at det kommer fra guderne, og at *det* må føre til lykke, som er *dem* behageligt, og som de aldrig ville ophøre at give med det fuldkomne væsens salighed for øje, det væsen, som er godt, retfærdigt, skønt, som frembringer alt, som sammenholder, indeslutter og omfatter alle ting, hvilke kun opløses, for at der må fremkomme andre af samme art. Når skal du dog blive en sådan, at du må leve i samfund med guder og mennesker uden at have noget at bebrejde dem, og uden at skulle fordømmes af dem?

2.

Giv agt på de krav, din natur stiller med hensyn til det naturlige livs opretholdelse; tilfredsstil derpå disse krav og tilsted dem, for så vidt som de ikke kan have skadelig indflydelse på din animalske natur; vær dernæst opmærksom på, hvilke fordringer denne din animalske natur gør, og fyldestgør atter disse, såfremt de ikke vil indvirke forstyrrende på den natur, der gør dig til et fornuftigt væsen. Men dette fornuftige væsen er efter sin natur et væsen, der er bestemt for et samfundsliv. Følger du stedse disse grundsætninger, har du intet mere at agte på.

3.

Alt hvad der møder dig i livet, er enten noget, som naturen har udrustet dig med kræfter til at bære, eller det overgår din naturs kræfter. Indtræffer nu noget, du formår at udholde, besvær dig da ikke derover, men bær det med den kraft, der er dig given. Pålægges der dig derimod noget, som naturen har nægtet dig kræfter til at bære, beklag dig da heller ikke derover. Medens du bukker under, vil plagen også ophøre. Forglem imidlertid ikke, at du af naturen har fået evne til at bære enhver byrde, som det står i din egen magt ved din forestilling at gøre tålelig og udholdelig, idet du foreholder dig selv, at det er dig gavnligt, eller at det er din pligt.

4

Belær den, som fejler, med venlighed; oplys ham om hans vildfarelse. Lykkes det ikke, søg skylden hos dig selv, eller gør ikke engang dette.

5.

Hvad som helst der times dig, er forud bestemt fra evighed. I årsagernes sammenkædning er din egen tilværelse indflettet og alt, hvad der vederfares dig.

6.

Hvad enten man går ud fra atomer eller fra en natursubstans, gælder som første grundsætning, at jeg er en del af det hele, som styres af naturen; dernæst som den anden, at jeg befinder mig i et vist slægtskabsforhold til andre dele, der er af samme art, som jeg selv. Fastholder jeg dette, vil jeg aldrig være utilfreds med noget, som tildeles mig af det hele; thi intet, som gavner det hele, kan være skadeligt for delen. I universet findes i det hele intet, som ikke er til gavn for det. Dette er nemlig noget, som alle naturer har til fælles, og universet har dertil det fortrin, ikke ved nogen udvortes årsag at kunne tvinges til at frembringe noget, der er skadeligt for det selv. Véd jeg mig nu som del af et sådant hele, vil jeg være tilfreds med alt, hvad der hændes.

Fremdeles vil jeg, for så vidt som jeg ved slægtskab er knyttet til andre mine lige, intet foretage mig, som krænker samfundet; meget mere vil jeg have andres vel for øje, af al formue stræbe at fremme det fælles gode og afholde mig fra det modsatte. Følger jeg nu stedse denne vej, vil mit liv henrinde lykkeligt, ligesom man må mene, at den borger lever et lykkeligt liv, som udfylder det med handlinger, der er til gavn for hans medborgere, og med glæde tager imod, hvad staten tildeler ham.

7.

For alle dele af universet, som er indbefattet i den nærværende verden, gælder som almindelig lov, at de går til grunde. Ved at gå til grunde forstår jeg her, at de omskiftes. Hvis nu dette ikke blot er en nødvendighed, men også skulle være et onde for dem, da synes universet ikke vel forvaltet, når dets dele er underkastet forvandling og således anlagt på at gå til grunde. Har naturen selv, må man spørge, haft til hensigt at ødelægge sine egne bestanddele og nedlagt i dem en spire til fordærvelse, som derefter måtte udvikle sig med nødvendighed, eller sker noget sådant uden dens vidende? Det ene er lige så utroligt som det andet. Hvis nogen derimod, tilsidesættende hensynet til naturen, ville opfatte dette som følgende af tingenes egen beskaffenhed, hvor latterligt bliver det da ikke, på én gang at betragte det som liggende i tingenes natur at forvandles, og tillige undres derover og tage det ærgerligt op, som om der skete noget imod naturens orden, tilmed da opløsningen kun er en tilbagevenden til de oprindelige elementer, hvoraf enhver ting er sammensat. Enten er det nemlig en adspredelse af tingenes bestanddele, som finder sted, eller det er en forvandling, så at de faste dele forener sig med jorden, de åndige med luften, for derpå at gå op i den almindelige substans, hvad enten nu denne er bestemt til efter et vist tidsløb at opbrændes, eller den stadigt vil blive fornyet under en uafbrudt vekslen. Man må nemlig ikke tro, at det faste og det åndige er det samme, som det var fra begyndelsen. Det legeme, du nu har, har fået tilførsel af de fødemidler, du har nydt, og af den luft, du har indåndet i går og i forgårs. Det, som legemet modtager, forvandles altså, ikke det, som moderen fødte. Selv om det må medgives, at de enkelte eksistensers ejendommelighed bevares uforandret, kuldkastes ikke derved, hvad jeg har sagt om materiens forvandling.

8.

Har du vundet anerkendelse for at være god, ærefrygtig, sanddru, forstandig, medfølende, højmodig, vogt da vel på, at du ikke engang får disse navne ombyttet med andre; og skulle det ske, at du mistede dem, søg da at genvinde dem så snart som muligt. Glem ikke, at det at være forstandig, betyder at skænke hver enkelt ting en omhyggelig og grundig undersøgelse; at medfølende er du kun, når du villigt modtager alt, hvad alnaturen tildeler, og at det højmodige består i, at den tænkende del af dit væsen hæver dig over enhver behagelig eller smertelig fornærmelse i din sanselige natur, over forfængelig ære, over døden og alt hvad der er af denne art. Har du nu sikret dig besiddelsen af disse navne, uden at det er dig om at gøre at høre din ros udtalt af andre, da er du blevet en anden, du er gået ind i et nyt liv. Thi at blive ved med at være den samme, du var før, ilde tilredt og besudlet, som du var, betegner et menneske uden al sans, som elsker dette liv over alt, ikke uligt hine, der kæmper med vilde dyr, og som, halvt fortærede og bedækkede med blod og smuds, beder om at spares til den næste dag, for i denne tilstand på ny at gives til pris for de samme kløer og tænder. Stræb derfor, at disse få navne må være dit eje, og formår du at blive hjemme på denne grund, bliv der, og agt dig som en, der er henflyttet til de saliges øer. Mærker du derimod, at du taber fodfæste og må vige, træk dig da ved godt mod tilbage til en eller anden afkrog, hvor du kan genvinde dine kræfter, eller, hvis ikke det, forlad da livet ganske, ikke i anfald af vrede, men naturlig, fri og beskeden, som var det den eneste gerning, du havde øvet i dit liv, at du forlod det på denne måde. Et godt hjælpemiddel til at fæste disse navne i sit sind vil det for øvrigt være, at mindes, at der er guder til, som ikke begærer at dyrkes ved smiger, men vil at alle fornuftige skabninger skulle ligne dem, og at overveje, at ligesom figentræet gør sin gerning som figentræ, hunden sin og bien sin, således sømmer det sig også for mennesket at øve den gerning, som egner sig for det som menneske.

9.

Hvor meget vil ikke dag for dag bidrage til at udslette af dit sind de hellige grundsætninger, naturens studium lærte dig, og som du ikke grundigt nok har tilegnet dig: skuespil, krig, sindsbevægelse, ladhed, uselvstændighed? Og dog bør vor tænke- og handlemåde altid være en sådan, at vi både opfylder omstændighedernes krav og tillige hævder den indsigt, vi ad erkendelsens vej har vundet, medens vi bevarer den selvtillid, som kundskab til tingenes beskaffenhed medfører, og som, uden at være fremtrædende, heller ikke bør savnes. Når skal du dog nyde denne livets enfold og værdighed, besidde klar indsigt i enhver genstands natur, så du erkender, hvad den er i sig selv, hvilken plads den indtager i verden, hvilken varighed der er den bestemt, hvoraf den er sammensat, hvem den skal komme til gode, hvem der kan både give og tage den?

10.

Edderkoppen er stolt af at have fanget en flue; jægeren, når han har fældet en hare; fiskeren, når han har fået en sardin i sit garn; denne, når han har fældet vildsvin; hin anden, når han har fældet bjørne, og denne, når han har taget sarmatere til fange. Ser man hen til grundsætningerne, er de da ikke alle tilsammen røvere?

11.

Stræb ved grundig forskning at erkende, hvorledes alle ting forvandles og går over, den ene i den anden. Fæst stadig din opmærksomhed på denne sag, øv din tanke derpå. Intet er mere egnet til at højne sindet end denne indsigt. Den frigør mennesket for legemet, og bevirker, at det, når det overvejer, at det snart skal skilles fra de levendes samfund og forlade det nærværende, ganske vier sig til retfærdigheden i de ting, der beror på dets egen vilje, og i alt, hvad der iøvrigt kan hændes, villigt giver sig hen til alnaturen. Hvad denne eller hin tænker eller siger om det, eller foretager sig imod det, ænser det ikke, tilfreds som det er med disse to: at udføre det, som nu skal gøres, med retfærdighed, og at elske den lod, som nu tildeles det. Alle andre interesser og sorger lader det fare, og lægger kun an på dette ene: at gå frem ad den lige vej, som loven byder, og følge guds vilje, hvis veje alle er rette.

12.

Hvortil de mange betænkeligheder, når du kan overveje, hvad der bør gøres. Har du erkendt dette, følg da roligt og ufravendt den betegnede vej. Er du derimod uvis, stands da og tag de dygtigste på råd. Viser der sig endnu vanskeligheder, skrid besindigt fremad i den retning, din følelse tilskynder dig, og hold dig til det, der synes retfærdigt. At nå dette mål er hovedsagen. Kun når du taber det af sigte, mislykkes din gerning. Den, som lyder fornuftens bud, er på én gang sindig og fyrig, munter og alvorlig.

13.

Spørg dig selv, når du rejser dig fra dit leje: Berører det dig personligt, om en anden handler godt og hæderligt? Nej, aldeles ikke. Eller har du glemt, hvorledes disse mennesker, der er så frimodige, når de roser, og når de dadler andre, selv opfører sig, på deres leje, ved bordet; hvad de bedriver, hvad der er genstand for deres frygt og deres attrå; hvad de er for tyve og røvere, ikke med hænder og fødder, men med deres væsens ædleste del, som, når den ville, skulle være en bolig for tro, ærefrygt, sandhed, lovlydighed, den gode genius?

14.

Det oplyste, ærefrygtige menneske siger til naturen, som giver alt og atter tager alt tilbage: Giv hvad du vil, tag hvad du vil. Det taler ikke således i overmodig trods, men tillidsfuld og i lydig hengivelse.

15.

Ikkun en stakket tid har du endnu tilbage at leve. Lev, som var du på toppen af et bjerg. Det er ligegyldigt, om man lever her eller der, når man kun overalt i verden lever som i en stad. Lad enhver se og kende dig som et sandt menneske, der fører sit liv i overensstemmelse med naturen. Kan de ikke fordrage en sådan, lad dem udrydde ham. For ham er det bedre at dø, end leve, som de andre lever.

16.

Nu er der ikke mere tid til at undersøge, hvem der er den dygtige mand, det gælder kun om at være en sådan.

17.

Lad tanken om tidens uendelighed og universets storhed stedse være dig nær, og den enkelte ting vil forekomme dig, med hensyn til substansen, som et lille korn, med hensyn til tiden, som omdrejningen af et bor.

18.

Forestil dig enhver genstand, du betragter, som var den allerede i en opløsningstilstand, underkastet forvandling, udsat for forrådnelse og dens deles adspredelse, eller, som det er bestemt for ethvert naturligt væsen, på vej til at dø.

19.

Hvad er disse mennesker, som spiser, sover, avler børn, forretter deres nødtørft, og hvad de forresten bedriver? Og hvor opblæste er de atter, hvor indbildske, umedgørlige og i deres overmod fulde af kritik? Og til hvilken slethed har de ikke nys fornedret sig, og for hvilken vindings skyld, og vil de ikke i næste øjeblik gøre det samme?

20.

Hvad alnaturen tildeler enhver, er ham gavnligt, og netop i det øjeblik, det tildeles ham, er det ham gavnligt.

21.

„Regnen elskes af jorden og af himlen, den høje." — Således elsker verden at udvikle det, som skal blive til; og jeg siger til verden: Alt hvad du elsker, elsker også jeg. Thi om de forandringer, tingene kan lide, bruger vi jo det udtryk, at de „elsker" dem.

22.

Enten bliver du ved med at leve her, og da fortsætter du den vante tilværelse; eller du går bort herfra, og det er da, hvad du selv vil; eller du dør, og da er din tjeneste endt. Flere muligheder gives der ikke. Vær derfor ved godt mod.

23.

Hold dig forvisset om, at det er uden forskel, om du bor i byen eller lever på landet, og at de ting, som findes på bjergets top, ved strandbredden, eller hvor du vil, de samme findes også her. Platon har åbenbart talt sandt, når han siger, at den, der omsluttes af stadens mur, har intet forud for hyrden, som bor i sin hytte på bjerget.

24.

Hvorledes forholder det sig med den styrende, den åndelige del af mit væsen? Og hvad gør jeg ud af den, hvortil bruger jeg den? Er den blottet for fornuft? Har den skilt og løsrevet sig fra samfundslivet? Har den hengivet sig til det kødelige legeme, og er den gået således op deri, at den følger enhver af dets bevægelser?

25.

Den, som flygter fra sin herre, er en rømningsmand. Men herren er loven, og den, som overtræder loven, er derfor at anse for en undvegen. Det samme må siges om den, som sørger, som vredes eller ængstes, fordi noget er sket eller sker anderledes, end han vil, skønt alle ting er ordnet af den magt, der styrer universet, nemlig loven, der tildeler enhver, hvad der tilkommer ham. Derfor er også den, som frygter, som sørger eller vredes, en flygtning.

26.

Når livmoderen har modtaget den befrugtende sæd, ophører faderens gerning; en ny kraft begynder sin virksomhed, bearbejder og fuldender fosteret. Hvilke midler, og hvilken virkning! Derefter modtager barnet føden gennem munden, og atter træder en ny virkende kraft til, frembringer sansning og drifter og alt, hvad der hører til livet med dets evner og kræfter. Hvor mange og hvor store! Denne hemmelighedsfulde virksomhed, der er indhyllet i så stor en dunkelhed, kan vi ikke desto mindre beskue; vi kan se den kraft, som her er til stede, ligesom vi ser den kraft, ifølge hvilken en genstand synker til jorden eller stiger i vejret, vel ikke med det legemlige øje, men derfor ikke mindre klart.

27.

Mind dig stedse om, at således som tingene går for sig nu, på samme måde er de gået for sig i de forrige dage, og vil atter gentage sig i eftertiden. Stil dig for øje alle disse skuespil, alle disse ensformige scener, du enten har oplevet i din egen erfaring eller lært at kende af ældre beretninger: Hadrians hof, Antoninus' hof, eller Filips, Alexanders, Crøsus'. Overalt er handlingen den samme, kun personerne er forskellige.

28.

Det menneske, der hengiver sig til sorg og mismod over, hvad der times det, er at ligne ved et stykke kvæg, der spræller og skriger op, medens det føres til slagtebænken, og *den* er ikke bedre, som på sit ensomme leje drager dybe suk ved tanken om de lænker, tilværelsen pålægger os. Og dog er det jo givet den fornuftige skabning som en forrang, frivilligt at lyde skæbnens bud, medens den blotte underkastelse er en nødvendighed for alle.

29.

Betragt hver enkelt genstand, du sysler med, særskilt, og spørg dig selv, om døden er så forfærdelig, fordi den berøver dig den.

30.

Tager du anstød af en andens forseelse, vend da straks din tanke hen på dig selv, og overvej, om du ikke selv har fejlet på lignende måde, om du ikke fx har anset penge, sanselig nydelse, tom ære og andet af denne art for et gode. Bliver du fortrolig med denne tanke, vil din vrede snart lægge sig. Han var tvunget, vil du sige; hvad andet kunne han gøre? Kan du befri ham fra denne tvang, så meget desto bedre.

31.

Er det satyren du forestiller dig? Tænk da på en sokratisk filosof, eller på Eutyches, eller på Hymen; er det Eufrates, du forestiller dig, tænk på Eutychion, på Silvanus; er det Alcifron, du betragter, tænk på Tropæoforus; er det Xenofon, tænk på Kriton eller på Severus; er det endelig dig selv, du er opmærksom på, tænk da på en af cæsarerne, og jævnfør således bestandig enhver genstand for din forestilling med en tilsvarende. Gør dig dernæst det spørgsmål: Og alle disse, hvor er de nu? Intetsteds, eller hvor da? På denne måde vil det stå

klart for dig, at alle menneskelige ting er som en røg, et intet;
i særdeleshed, når du tillige erindrer, at det, som én gang er
blevet forvandlet, ikke nogensinde vender tilbage til den skik-
kelse, det havde tidligere. Og nu du selv, hvor snart skal også
du forvandles? Må det da ikke være dig nok at tilbringe den
korte levetid på sømmelig og værdig måde? Og hvor stor og
rig en lejlighed tilbyder livet dig ikke? Thi hvad er vel alt det,
der møder dig, andet end øvelser for din fornuft, der ved ret
indsigt i tingenes natur lærer at forstå livets opgaver? Hold
derfor stand, indtil du har tilegnet dig disse sandheder, lige-
som den stærke mave tilegner sig alle fødemidler, ligesom den
luende ild forvandler alt, hvad man kaster i den, til flamme og
skinnende lys.

32.

Lad ingen med sandhed kunne sige om dig, at du ikke er
oprigtig eller ikke er god, men at enhver sådan mistanke må
være en bagvaskelse. Og dette afhænger jo ganske af dig selv;
thi hvem kan vel forhindre dig i at være god og oprigtig? Du
behøver blot at beslutte ikke at ville leve, når du ikke besidder
disse egenskaber; thi fornuften byder dig ikke at leve, når du
ikke har dem.

33.

Stedse vil det spørgsmål trænge sig frem, hvad der under
de givne forhold rettest bør gøres eller siges, og hvorledes end
svaret lyder, må det altid være dig muligt at indrette din hand-
lemåde derefter. Forsøg ikke at undskylde dig, som var der en
forhindring til stede. Du vil ikke ophøre at sukke, førend du
har bragt det så vidt, at det, ved ethvert mødende tilfælde at

fuldbyrde hvad der egner sig for mennesket efter dets bestem-
melse, er blevet dig noget lige så kært, som et yppigt levnet er
for den nydelsessyge. Thi som en nydelse må du betragte det,
når det forundes dig at fuldbringe det, der stemmer overens
med din ejendommelige natur, og dette forundes dig altid.
En valse kan ikke altid følge den bevægelse, der er ejendom-
melig for dens natur, lige så lidt vandet eller ilden, der lyder
de blotte naturkræfter, eller de væsener, der ledes af en sjæl
uden fornuft. Her kan nemlig mangen modstand og forhin-
dring træde i vejen. Hvor derimod forstand og fornuft styrer
sjælen, der går den trods al modstand frem, som dens natur
tilsiger det, og som den selv vil. Hold dig derfor for øje denne
lethed, hvormed fornuften baner sig vej gennem alt, ligesom
flammen stiger i vejret, stenen synker til jorden, valsen ruller
ned ad skråplanet, og forlang intet mere. Thi alle de øvrige
hindringer angår enten blot dette døde legeme, eller de kan
uden bevidsthedens samtykke og uden selve fornuftens ind-
villigelse hverken såre eller overhovedet bevirke noget ondt.
Ellers måtte den, der var udsat derfor, straks blive gjort slette-
re derved. Med de andre tilværelsesformer er det nu vel tilfæl-
det, at, når noget onde tilstøder dem, forværres deres tilstand;
men om mennesket kan det endogså siges, at det bliver desto
bedre og værdigere til ros, når det benytter prøvelserne på den
rette måde. Kom desuden stedse i hu, at intet skader den san-
de borger, når det ikke skader staten, og at intet skader sta-
ten, såfremt det ikke skader loven. Men alle disse formentlige
ulykkestilfælde skader ikke loven, og derfor skader de heller
ikke hverken staten eller borgeren.

34.

For den, som har tilegnet sig den sande filosofis grundsætninger, er et lille ord, en almindelig kendt sætning tilstrækkelig for at minde ham om det grundløse i al sorg og frygt, som disse ord:

Træernes blade den høstlige storm til jorden nedhvirvler,
snart dog løvet på ny spirer frem og grønnes i våren;
så er og menneskens slægt: hin fødes, og denne henvisner.

Også dine børn er blade, og de er blade, som højrøstet forkynder din ros for alles øren, eller omvendt, som forbander, eller i stilhed laster og spotter. Også de, som tager dit eftermæle i arv for at forplante det til kommende slægter, er blade. Alt er det som løvet, der spirer frem i våren for at spredes i høsten, hvorefter skoven lader nyt vokse frem i det gamles sted. Forgængelighed er alle tings lod. Og dog tragter du efter dette og søger at undfly hint, som skulle det vare evigt. Den tid er nær, da du selv skal lukke dine øjne, og den, som bærer dig til graven, vil snart en anden begræde.

35.

Det sunde øje må kunne tåle at se alt, hvad der frembyder sig for synet, og ikke ville se alene det grønne; thi dette er netop tegn på, at øjet er sygt. På samme måde vil også den sunde hørelse og lugt være i stand til at fornemme alt, hvad der lader sig opfatte af disse sanser, og den sunde mave uden forskel kunne nyde alt spiseligt, ligesom møllen knuser alt det, man giver den at male. Således bør nu også sjælen, når den er sund, være fattet på enhver skæbne, der møder den. Siger den derimod: Gid mine børn må blive i live! eller: Gid enhver vil rose,

hvad som helst jeg gør! da er den som øjet, der forlanger den
grønne farve, eller som tænderne, der kun vil have den føde,
som er let at tygge.

36.

Ingen er så lykkelig, at der ikke, når han dør, skulle i hans
omgivelse findes en eller anden, der i sit stille sind glæder sig
over det onde, som nu times ham. Selv om den døende har
været brav og forstandig, vil der dog til sidst være den, som
siger ved sig selv: „Endelig engang kan man da ånde frit, nu
da denne skolemester ikke er mere. Vel var han ikke egentlig
slem mod nogen af os, men det var dog let at mærke, at han i
sit hjerte slog vrag på os alle tilsammen." Således tænker de om
den hæderlige. Men nu vi andre: hvor mange er der ikke, som
finder grunde nok til at ønske sig befriet for os? Dette bør du
tænke på, når du ligger på dit yderste; det vil da blive dig let-
tere at skilles herfra, når du siger dig selv: „Jeg går bort fra et
liv, hvor selve mine medvandrere, de, for hvem jeg har stridt så
mangen strid, for hvem jeg har bedt og haft omsorg, gerne ser,
at jeg drager bort, og håber, at måske en eller anden lettelse
skal tilflyde dem derved." Hvem kunne da vel ønske sig at bli-
ve længere i verden? Men derfor bør du dog ikke forlade dem
mindre velvillig stemt; tværtimod, din karakter tro, bør du
forblive lige kærlig, mild og venligt sindet, og skilles fra dem,
ikke som blev du revet bort, men som den, der dør en salig
død, idet sjælen blidt udfris fra legemet. Det er naturen, der
har knyttet dig til dem; det er den, der atter løser båndet. Nu
løser den forbindelsen, og jeg går bort som fra venner, ikke
påvirket af tvang, men med fri vilje. Thi også dette er noget,
som sker ifølge naturens orden.

37.

Gør dig det til regel, ved enhver handling af en anden at søge, så vidt muligt, at komme til klarhed over den bevæggrund, der leder ham under udførelsen; men begynd med dig selv, og underkast først dig selv denne prøvelse.

38.

Læg vel mærke til, at det, som sætter dit legeme i bevægelse, er en kraft, der er skjult i dit indre. Den er ordet, den er livet, den er, så at sige, mennesket. Og vogt dig vel for at forveksle den med det ydre kar, som omslutter den, de organer, der er den tildannede. De er dens redskaber, ligesom en økse fx er et redskab, kun med den forskel, at de er et værk af naturen. Uden den kraft, som enten bevæger dem eller holder dem tilbage, er de lige så lidt til nytte, som væverskytten er det uden væverpigen, pennen uden den skrivende, pisken uden kusken.

Ellevte bog

1.

Hvad der udgør særkendet for den fornuftige sjæl er dette. Den ser sig selv; den sætter sit væsen ud fra hinanden; den gør sig til det, den vil; den høster selv den frugt, den har frembragt — hvorimod i planternes og i dyrenes verden frugterne nydes af andre —; den når det mål, den har sat sig, uden hensyn til, når det øjeblik indtræffer, da livet ophører; ikke som ved dansen, skuespillet og lignende fremstillinger, hvor en enkelt forstyrrelse bringer det hele i uorden; nej, på hvilket punkt og når som helst døden overrasker den, har den udført og fuldendt, hvad den foresatte sig, så den kan sige: Jeg har det, som er mit.

Fremdeles omfatter sjælen med sit blik den ganske verden og det tomme rum, som omgiver den, beskuer dens skikkelse, gennemtrænger tidens uendelighed, omspænder med sin tanke universets periodiske fornyelse, forstår, at vore efterkommere ikke vil få noget nyt at se, lige så lidt som vore forfædre har set andet eller mere end vi, så at man på grund af ensformigheden på en måde kan sige, at den, som er fyrretyve år gammel og har nogen fornuft, har set alt, både det forbigangne og det tilkommende.

Endelig er også dette egent for den fornuftige sjæl: at elske næsten, have sandhed til mål, føle ærefrygt, ikke agte noget højere end sig selv, ligesom intet er højere end loven; og således er den sunde fornuft og retfærdighedens væsen i intet forskellige fra hinanden.

2.

Opløser du en smuk sang i de enkelte toner, der samlede udgøre et harmonisk hele, ville de ikke mere tiltale dig. Den vil ikke mere aftvinge dig beundring. Din følelse vil vende sig bort fra den med ringeagt. Tager du på lignende måde de enkelte bevægelser og stillinger i en dans eller kampleg hver for sig, får du det samme indtryk. Foretag nu den samme sønderlemmelse med alt, alene med undtagelse af dyden og hvad der fremgår af den, og det vil blive genstand for din ringeagt. Denne synsmåde kan du anvende på hele livet.

3.

Når er sjælen i sandhed beredt til at forlade livet, for enten at udslukkes eller adspredes eller blive ved med at være til? Beredt må den kaldes, når dens stemning fremgår af dens egen dom, og den ikke handler i blind halsstarrighed som de kristne, men besindig og værdig, uden alt teatralsk væsen går døden i møde, og derved tillige indvirker bestyrkende på andre.

4.

Har jeg udrettet noget til befordring af det almene vel, da har jeg også gavnet mig selv derved. Lad denne sandhed stedse stå klart for dig og anspore al din virken.

5.

Hvilken kunst dyrker du? Den, at leve som man bør. Men gives der vel noget bedre hjælpemiddel til at nå dette mål end kundskaben såvel til universets natur som til menneskets egen organisation i særdeleshed.

6.

Tragedierne er oprindeligt fremkommet i den hensigt at give os et billede af menneskelivets skæbner og vise os, hvorledes disse nødvendigt må udvikle sig, for at vi, når vi har forlystet os ved scenens fremstillinger, ikke siden skulle føle os overvældede, når det samme møder os på den større scene. Vi ser, at tingene uundgåeligt måtte fuldbyrdes således, og at også hine har lidt, som råbte: Ak, Kithæron, Kithæron! Og i virkelighed er mange træffende tanker udtalt af de dramatiske forfattere, som navnlig denne:

Bekymrer sig guderne ej om mig eller mine,
har dette vel også sin grund.

Og atter:

At vredes på tingene sømmer sig ikke.

Og:

Som markens det fuldmodne aks,
så høstes og menneskets dage.

Efter tragedien fulgte den gamle komedie, som ved sit frimodige sprog øvede en opdragende indflydelse, og ved sit skarpe vid blev en modgift mod det anmassende væsen, hvorfor også Diogenes nu og da lånte af den. Derpå fulgte den mellemste komedie, og endelig den nye, der efterhånden udartede til den blot efterlignende gengivelse. At der hos disse forfattere findes et og andet fortræffeligt, vil ingen nægte. Og dog, hvad er det egentlig for et mål, som hele denne dramatiske digtning forfølger?

7.

Står det også ret klart for dig, at den livsvej, du følger, netop er den, der egner sig bedst til at filosofere?

8.

En gren, som løsrives fra nabogrenen, bliver derved uundgåeligt skilt fra sin forbindelse med det hele træ. Det samme gælder om mennesket. Afsondrer det sig fra et eneste menneske, taber det sin forbindelse med det hele samfund, kun med den forskel, at grenen bliver af hugget af en anden, medens, det er mennesket selv, der skiller sig fra sin næste, når han hader og afskyr ham, og således, uden at være sig det bevidst, afskærer sin forbindelse med hele samfundslegemet. Men her har deri gud, som indstiftede samfundslivet, bevist mennesket sin godhed. Det er nemlig muligt atter at hele bruddet, og på ny indtage sin plads som udfyldende del af det hele. Men jo oftere adskillelsen finder sted, desto vanskeligere vil det lykkes at forny enheden og genoprette det tabte. I det hele kan den gren, der uafbrudt er blevet i forbindelse med nabogrenen, har spiret og åndet med den, ikke agtes lig den, der, efter først at være afhugget, derpå er blevet indpodet. Havemanden erkender det også. Den ydre tilslutning finder sted, ikke den inderlige sammensmelten.

9.

Ligesom de, der vil lægge hindringer i vejen for din fornuftige handlemåde, ikke bør have i deres magt at afholde dig fra at følge den rette vej, således bør de på den anden side lige så lidt kunne bevirke, at du taber dit velvillige sindelag imod dem. I dobbelt henseende bør du vogte på dig selv, så at du først og fremmest viser fasthed i dømmen og handlen, men tillige véd at bevare et mildt sind overfor dem, der søger at hæmme din virksomhed eller på anden måde gøre dig fortræd. Det røber nemlig den samme svaghed, hvad enten man vredes på sådanne, eller man opgiver sit forsæt og frygtsom viger tilbage. Om begge gælder det, at de har forladt deres post, både den, som ængstelig trækker sig tilbage, og den, der gør sig til en fjende af den, naturen har gjort til hans slægtning og ven.

10.

Naturen står i ingen af sine frembringelser tilbage for kunsten, eftersom kunstens værker er en efterligning af naturen. Forholder dette sig således, da kan den natur, der er den allerfuldkomneste, og som omfatter alle de enkelte former, umuligt savne den højeste kunstneriske fuldkommenhed. Alle kunster frembringer det ringere med det højere for øje. På samme måde virker da også naturen. Herfra har retfærdigheden sin oprindelse, og fra den stammer alle de øvrige dyder; thi retfærdigheden vil ikke blive fyldestgjort, når vi enten sætte utilbørlig pris på de ting, der i sædelig henseende er ligegyldige, eller vi let lader os skuffe, handler uden overlæg og konstant skifter mening.

11.

Da tingene, som volder dit sind så stor uro, snart ved håb og snart ved frygt, ikke bevæger sig hen til dig, du selv derimod på en vis måde bevæger dig hen imod dem, så lad blot din bedømmelse af dem komme til ro, og medens tingene roligt forbliver, hvor de er, vil man hverken se dig hige efter dem eller søge at undfly dem.

12.

Sjælen er at ligne ved den fuldkomment ensdannede kugle, når den ikke drages udad mod de ydre genstande, ikke skrumper ind eller synker sammen i sig selv, men bestråles af et lys, hvorved den erkender tingenes sande væsen og sandheden i sit eget indre.

13.

Måske denne eller hin foragter mig. Lad ham selv se dertil. Men jeg bør se til, at jeg hverken i ord eller gerning skal findes skyldig i noget, der fortjener foragt. Måske hader han mig. Det må være hans sag. Men jeg bør vise mig mild og venlig sindet mod enhver, beredt til at overbevise også en sådan om hans vildfarelse, uden dog at såre ham ved bebrejdelser, eller ved en overlegen tone lade ham føle, at jeg er den overbærende, en mildhed, som Focion, efter hvad der berettes, engang skal have lagt for dagen, såfremt han ellers da var fri for al forstillelse. Thi således bør vort inderste sind være beskaffent, at også guderne i os må kende et menneske, der aldrig opirres eller fristes til utålmodig klage over påførte lidelser. Og hvad ondt kan der vel komme dig til, når du ved enhver prøvelse forholder dig, som din menneskelige natur kræver det af dig. Er ikke det, som nu beskikkes dig, viseligt og med det heles vel for øje anordnet af alnaturen, der har sat dig på din plads som menneske, for at du skulle være villig til på enhver måde at fremme, hvad der tjener til det heles tarv.

14.

De foragter hinanden, og dog logrer de for hinanden; de
vil være de overlegne, og kryber for hinanden.

15.

Hvor afskyeligt og hyklerisk lyder det ikke, når nogen siger
således: Du véd jo, at jeg har besluttet at omgås dig ærligt og
oprigtigt. Hvor kan du dog tale således, kære menneske! Er
dette vel noget, der skal forud meddeles? Det må jo give sig til
kende af sig selv. Det må stå skrevet i dit åsyn, det må lyse ud
af dine øjne, ligesom den elskede af elskerens blik kender en-
hver af hans tanker. Ligesom det ikke kan skjules, når nogen
fører en ubehagelig lugt med sig, men den hosstående mærker
det, enten han vil eller ej, således røber også den oprigtige og
gode mands tænkemåde sig af sig selv. Fremkunstlet oprigtig-
hed er som en dolk. Intet er hæsligere end ulvevenskab, og in-
tet bør mere undflys. Den gode, oprigtige og velvillige mands
sindelag står præget i hans blik og forstås af enhver.

16.

Sjælen er udrustet med en kraft, der sætter den i stand til at
leve et fuldkomment liv, såfremt den véd at forholde sig lige-
gyldig overfor de ting, der i sædelig henseende er ligegyldige.
Dette vil den være i stand til, når den betragter hver enkelt
ting, der kunne gøre indtryk på den, først afsondret for sig
selv, dernæst i forhold til det hele, og når den tillige erindrer,
at genstandene ikke pånøder os vor forestilling om dem, at de
ikke trænger ind i os, men forbliver i hvile, hvorimod det er os
selv, der avler dommen om dem, og ligesom indprenter den i
os, medens det står os frit for ikke at indprente den, og, hvis

et indtryk umærkeligt har indsneget sig, da straks at udslette det. Desuden kræver denne opmærksomhed på sig selv jo kun ringe tid, og den øvrige del af livet vil du kunne tilbringe roligt. Heller ikke kan det være vanskeligt at finde sig til rette heri. Tjener forholdene til fremme for dit naturlige liv, glæd dig da derover; sagen vil være dig let. Er de i strid dermed, overvej da, hvad der stemmer med din egen natur, og handl uden betænkning derefter, selv om du derved skulle afvige fra den almindelige synsmåde. At den enkelte søger det for ham ejendommelige gode, må være ham tilladt.

17.

Ved enhver genstand bør du fæste din opmærksomhed på dette: hvorfra den har sin oprindelse; af hvilket stof den er dannet; hvilken forvandling den vil blive underkastet; hvad den vil være efter forvandlingen, og at den ikke lider noget ondt ved at forvandles.

18.

Først og fremmest er det af vigtighed for mig at vide, i hvilket forhold jeg er stillet til andre, at vi nemlig er blevet til den ene for den andens skyld. Betragtet fra en anden side, er jeg blevet til for at være andres foresatte, ligesom vædderen anfører fårene, tyren står i spidsen for hjorden. Set fra et højere synspunkt, må det siges, at, hvis ikke atomer, regerer naturen alt, og når dette sidste er givet, da er de ringere væsener blevet til for de højeres skyld, og disse sidste atter for at tjene hverandre indbyrdes.

Dernæst, som det andet, bør du agte nøje på, hvorledes menneskene i det enkelte opfører sig, ved bordet, på deres leje, i hele deres daglige liv; hvor ofte de er slaver af de grund-sætninger, de hylder, og handler forblændede af deres hovmo-dige meninger om sig selv.

For det tredje betænk du dette, at for så vidt menneskene opfører sig vel, der da intet er at indvende, hvorimod, når de opfører sig slet, det åbenbart sker uden hensigt og af lutter uvidenhed. Thi ligesom ingen frivilligt berøver sig selv sand-heden, således vil det heller ikke ske, at nogen med sin fri vil-je opfører sig usømmeligt mod andre. Derfor føler sådanne mennesker sig også smerteligt berørte, når det siges om dem, at de er uretfærdige, utaknemmelige, gerrige, og i det hele, når man bebrejder dem nogen forseelse imod næsten.

For det fjerde bør du erindre, at du selv ikke har været fri for at begå mange fejl, og i den henseende ikke er forskellig fra de andre, og at, om du ellers har vidst at undgå enkelte forsyn-delser, grunden da ikke er den, at der i din karakter ikke findes anlæg for dem, men det er sket af fejhed, af frygt for vanrygte, eller af nogen anden ikke mere hæderlig grund.

For det femte så bemærk, at du ikke engang kan vide med vished, om en anden har fejlet. Der er nemlig mangt og meget, der foretages af helt andre hensyn end de tilsyneladende, og i det hele må man være underrettet om mangfoldige forhold for at kunne fælde den afgørende dom om andres handlinger.

For det sjette. Når du allermest fristes til harme og uvilje, mind dig da om, at livet kun varer et øjeblik, og at vi alle om få dage ville være i graven.

For det syvende læg så mærke til, at det egentlig ikke er selve handlingerne, der volder os så stor uro — thi de tilhører alene den handlende person — men det er de forestillinger, vi gør os om dem. Fjern derfor disse, beslut dig til at opgive din mening om tingene som noget forfærdeligt, og din vrede vil med det samme være forsvundet. — Men hvorledes fjerner jeg den? — Når du overvejer, at intet har fundet sted, som kan pådrage dig nogen skam, og at kun deri består det onde. Var det ikke således, og kunne en andens handling gøre dig slettere, ja, da havde du fejlet mange gange, været en røver og alt andet slet.

Som det ottende bør du overveje,, hvorledes smerten og harmen, som vi føler over andres handlinger, volder os langt større besvær end selve handlingerne, som vi tager os nær og forbitres over.

Som det niende mind dig om dette, at det kærlige sindelag, når det er ægte, uden svig og forstillelse, er en uovervindelig magt. Thi hvad formår selv det voldsomste menneske imod dig, når du uafbrudt bevarer din venlighed imod ham, formaner ham med mildhed, når lejlighed gives, og i det øjeblik han pønser på ondt imod dig, i en rolig tone belærer ham og tiltaler ham med ord som disse: „Ikke således, kære ven. Det er ikke dertil, vi er bestemt. Mig kan du jo ikke skade, du skader kun dig selv, min ven!“ når du klart fra et almindeligt synspunkt godtgør, at det forholder sig således, at hverken bierne eller de andre dyr, som lever selskabeligt, opfører sig som han. Og dette bør siges uden nogen som helst ironi eller personlig sigtelse, med oprigtig kærlighed, uden nag, ikke i skolemestertone eller for at blive bemærket af tilstedeværende, men idet man, selv om nogen anden er til stede, henvender sig udelukkende til den enkelte alene.

Bevar disse ni hovedstykker i din erindring som lige så mange gaver fra muserne, og begynd endelig at være et menneske, medens du lever. Alligevel er det ikke nok, at du afholder dig fra at vredes, lige så meget bør du vogte dig for at smigre. Begge disse fejl strider nemlig mod samfundslivets natur og virker fordærveligt. Vil vreden blive herre over dig, forehold dig da, at det opfarende væsen ikke er bevis på mandighed, men at sagtmodighed og blidhed, i samme grad som de er menneskelige egenskaber, også er mandigere, og at tapperhed, mod og styrke tilhører den, der besidder hine dyder, ikke den hidsige og vredladne. I det hele gælder det, at hvor der er mindst lidenskab, der er mest styrke. At beherskes af vreden er, ligesom at beherskes af sorgen, et tegn på svaghed. I begge tilfælde er mennesket en såret og har overgivet sig.

Om du vil, da modtag endnu af musernes fører denne tiende gave. At ville, at de slette ikke skulle fejle, er vanvid: thi det er at forlange det umulige. Men at tillade dem at forse sig imod andre, når de kun ikke forser sig imod dig, er ufornuftigt og egenmægtigt.

19.

Der gives fire åndens forvildelser, som du fremfor alt må sikre dig imod, og tilintetgøre ethvert spor af, så snart du opdager dem hos dig, idet du dømmer således om dem: Denne forestilling er ikke nødvendig; denne handling er opløsende for samfundslivet; dette taler du ikke ud af din egen tanke — thi at tale uden overbevisning må du anse for noget aldeles utilbørligt; og endelig dette fjerde, når du måtte bebrejde dig selv, at din handling er et menneskes, som lader den guddommelige del af sit væsen underkue og nedværdige af den lavere, dødelige del, legemet med dets grove sanselige lyster.

20.

Alt det luftige og ildagtige, der udgør en bestanddel af dit legeme, og som efter sin natur ville stræbe opad, adlyder alligevel det heles anordning og holdes tilbage på sin plads i organismen, og alt det stofagtige og flydende, som efter sin natur måtte drages nedad, løftes ikke desto mindre og forbliver i en stilling, der ikke er den naturlige for det. Således adlyder elementerne universet, og indtager den plads, hvortil de ved tvang er henvist, indtil, når tegnet dertil er givet, opløsningen finder sted. Er det da ikke beklageligt, at alene den fornuftige del af dit væsen viser sig ulydig og er misfornøjet med det sted, der er den anvist? Og dog er det ikke noget fremmed, der påtvinges den; men kun det foreskrives den, som stemmer med dens egen natur. Alligevel vil den ikke finde sig deri, men lader sig føre i den modsatte retning. Thi hver gang driften leder mennesket til uretfærdighed og tøjlesløshed, hver gang følelsen af frygt eller smerte behersker det, gør det sig skyldig i frafald fra naturen; og fremdeles, når det i sit inderste nærer misnøje med den lod, der beskikkes det, forlader det den plads, hvorpå det er sat. Thi mennesket er ikke blot dannet til retfærdighed, men lige så meget til fromhed og gudsfrygt, disse dyder, der bevirker, at mennesket villigt underkaster sig lovene for det heles vel, hvorfor de også er endnu ærværdigere end de retfærdige gerninger.

21.

Den, som ikke i hele sit liv har et og samme mål, er i grunden heller ikke hele sit liv igennem det samme menneske. Det her sagte er imidlertid ikke tilstrækkeligt, når det ikke tillige bestemmes, hvilket dette mål bør være. Ligesom der nu om de goder, der holdes for sådanne af de mange enkelte, ikke hersker overensstemmelse, men der kun gives ét, der må anerkendes af alle, det nemlig, der angår det almenmenneskelige, således bør også det mål, man sætter sig, være valgt med hensyn til samfundet og staten. Den derfor, som lader hele sin personlige stræben underordne sig dette ene formål, han vil også give alle sine handlinger en ensartet karakter, og på denne måde altid være den samme.

22.

Ofte, når man ser menneskenes færd, må man tænke på mark- og husmusen, som forskrækkede løber hid og did.

23.

Sokrates kaldte folketroen bussemænd, skrækbilleder for børn.

24.

Ved festlige sammenkomster anviste lacedæmonierne de fremmede plads i skyggen, og tog selv plads, hvor det måtte træffe sig.

25.

Da Sokrates undslog sig for at modtage Perdikkas' indbydelse, sagde han: For at jeg ikke skal dø af skam over at have modtaget en velgerning, som jeg ikke kunne gengælde.

26.

Hos ephesierne indskærpedes den forskrift, stedse at bevare i levende erindring en af fortidens store, der havde udmærket sig ved sin dyd.

27.

Pythagoræerne anbefalede, ved dagens frembrud at vende blikket mod himlen for at levendegøre tanken om himmellegemerne, der uafbrudt og uden afvigelse forfølger det samme mål, og at iagttage deres orden, renhed og utilslørede lys; thi stjernerne skjules ikke af noget dække.

28.

Man bør mindes, hvad Sokrates sagde til vennerne, dengang han viste sig for dem klædt i et fåreskind, efter at Xantippe var gået bort medtagende hans kappe, og disse skamfulde trak sig tilbage, da de så ham iført denne sælsomme dragt.

29.

Den, som vil lære en anden at skrive og læse, må først have lært det selv; dette gælder endnu mere om den kunst at leve.

30.

Ti, usle træl! Du ej skal føre ordet.

31.

Jeg listelig lo i mit hjerte.

32.

Dyden laste de ville, med hårde ord den forfølge.

33.

At søge efter figener på træet om vinteren, er vanvid; lige så ufornuftig er den, der vil have sit barn, når det ikke kan tilstedes ham.

34.

Efter Epiktets ord bør enhver, når han kærtegner sit barn, sige i sit hjerte: Måske er det dødt i morgen. Et ildevarslende ord, vil du mene. Men, tilføjer han, intet kan være ildevarslende, som udtrykker en gerning af naturen. Ellers måtte det jo også være ildevarslende, at sige om aksene, at de skulle høstes.

35.

Den grønne drue, den modne drue, den tørrede drue; lutter overgange og forandringer, som ikke gør druen til intet, men gør, at den bliver noget, den ikke var før.

36.

Den røver, som kan rane min frie vilje, findes ikke, har Epiktet sagt.

37.

Epiktet har ligeledes lært, at man bør tilegne sig den kunst at samtykke; at man i henseende til viljesytringerne må vogte på, at de finder sted med forbehold, sigter til det heles vel og går ud fra det rette skøn over tingenes værd; fremdeles at man ganske bør afholde sig fra heftig attrå, og overfor de ting, der er uafhængige af vor vilje, ikke vise modstræben.

38.

Den sag, vi kæmper for, er ingen ubetydelighed, siger han; hvad det gælder om, er at vide, om vi er dårer eller ej.

39.

Hvad ville I have? spurgte Sokrates; de fornuftige væseners sjæle eller de fornuftløses? — De fornuftiges. — Hvilke fornuftiges da, de godes eller de slettes? — De godes. — Hvorfor søger I da ikke at få dem? — Fordi vi har dem. — Men hvorfor er der da bestandig kiv og splid iblandt jer?

Tolvte bog

1.

Alt hvad du stræber at nå ad lange omveje, kan du have straks, når du forstår dit vel ret. Det kommer kun an på, at du overlader det forbigangne til sig selv, betror fremtiden til forsynet, og bruger det nærværende i fromhedens og retfærdighedens tjeneste. I fromhedens, idet du elsker den lod, der er blevet *dig* til del, eftersom naturen har bestemt den for *dig* og dig for *den*. I retfærdighedens, idet du frimodig og uden omsvøb taler sandhedens sprog, og i din gerning, med forstandigt hensyn til tingenes værd, følger loven, uden at lade sig standse af andres forkerte adfærd, af deres meninger eller deres tale, og uden at ænse indtrykkene af det dig omgivende kødelige legeme, som selv må tage sig af, hvad det lider.

Hvis du nu desuden, når dit endeligt nærmer sig, kan gå døden således i møde, at du, beredt til at forlade alt, kun ærer den herskende, den guddommelige del af dit væsen; hvis du ikke frygter så meget for livets ophør, som for at have forsømt at leve det i overensstemmelse med naturen: da skal du kaldes et menneske, der er værdigt den verden, der frembragte dig; du skal ikke længere være en fremmed i dit fædreland, ikke mere forbavses over det, der sker hver dag, som var det noget nyt og uventet, der indtraf, ikke mene dit ve og vel afhængigt nu af dette, nu af hint.

2.

Gud ser sjælene i deres nøgenhed, afklædt det jordiske hylster, den ydre skal og smudset. Thi det er alene som ånd, at han træder i berøring med de skabninger, der er udgået fra ham som fra deres udspring og kilde. Hvis du nu vænner dig til at gå frem på samme måde, vil du se dig befriet for megen uro og besvær. Thi den, der ser bort fra dette kødelige svøb, som omgiver ham, vil ikke være optaget af tanken om klædedragt, bolig, anseelse blandt menneskene, al sådan prunk og forfængelig udvorteshed.

3.

Tre bestanddele udgør i forening dit væsen: legeme, sjæl og ånd. Af disse tilhører de to første dig, for så vidt som de bør være genstand for din omsorg; men kun den tredje er i egentlig forstand at kalde din. Udelukker du nu fra dig, fra din bevidsthed nemlig, enhver tanke om, hvad andre siger eller gør, eller hvad du selv måtte have ytret eller gjort, alt, hvad der som noget tilkommende kunne volde dig uro, alt, hvad der, uden at være bevirket af din egen vilje, kun angår dit legeme eller den dette iboende livsånde, alt, hvad den udenom dig hvirvlende strøm sætter i bevægelse, så at den åndelige kraft i dig, ren og frigjort for skæbnens herredømme, lever sit eget liv, retfærdig i gerning, tilfreds med hvad der beskikkes, sanddru i tale; når du, som sagt, fjerner fra din ånd alt, hvad der bærer lidenskabens mærke, alt, så vel det forbigangne som det tilkommende, så du er blevet hin Sfærus lig, som Empedokles besynger, der

hviler i ophøjet ro, mens altet kredser omkring den;

når du således alene beflitter dig på at leve det liv, der i sandhed er dit, det nærværende, da skal du kunne henleve de dage, som endnu forundes dig indtil dit endeligt, i uforstyrret sindsro, med ædel værdighed, tro imod din genius.

4.

Mangen gang har jeg undrende måttet spørge mig selv, hvorledes det lader sig forklare, at menneskene, der dog elsker sig selv mere, end de elsker andre, alligevel agter deres egen mening om sig selv ringere end andres. Hvis således en gud, der var os nær, eller en forstandig lærer foreskrev os, ikke at lade nogen tanke eller forestilling opkomme hos os uden øjeblikkelig at åbenbare den, ville vi ikke udholde denne tvang en eneste dag. Så vist er det, at vi undser os mere for det, næsten tænker om os, end for vor egen dom om os selv.

5.

Hvorledes skulle det være muligt, at guderne, der har ordnet alt skønt og i kærlighed til menneskene, kan have overset dette ene, at de få iblandt menneskene, der har været fuldkommen gode, som fremfor andre har levet deres liv i omgang med guddommen og ved hellighed og from dyrkelse er blevet guds venner, når de engang er døde, ikke mere vender tilbage til livet, men er for stedse udslukte. Nej, om dette end forholder sig således, derom bør du være forvisset, at, hvis det burde være anderledes, havde guderne også bevirket det. Havde det været retfærdigt, havde det også været muligt, og havde det været naturens vilje, havde den også iværksat det. Netop deraf, at det ikke finder sted — hvis ellers det i virkeligheden ikke finder sted — kan du tillidsfuldt drage den slutning, at det ikke bør være så. At fremdrage dette spørgsmål ville jo desuden, som du selv indser, være at gå i rette med gud, og vi kunne end ikke åbne en sådan drøftelse med guderne uden stiltiende at forudsætte, at de er de bedste og retfærdigste. Står nu dette fast, da bliver det også umuligt, at de ved en sælsom forsømmelse skulle have ladet noget ske, som stred imod fornuft og retfærdighed.

6.

Øv dig, lad vanskelighederne ikke afskrække dig. Den venstre hånd, der sammenlignet med den højre er udygtig til arbejde, holder tøjlen fastere end den højre. Den er blevet vænnet dertil.

7.

Betænk dit sidste øjeblik, hvordan du bør være til legeme og til sjæl, når døden overrasker dig; betænk livets korte varighed, tidens umålelige svælg, hvad enten du skuer frem eller tilbage; alt det materielles forgængelighed.

8.

At betragte det tilgrundliggende, afført den ydre skal, som skjuler det; hensigten, uafhængigt af handlingerne; at vide, hvad smerte er, hvad lyst er, hvad døden er, hvad æren er; at indse, at vi selv er årsag til vore kvaler, at det ikke er andre, der læggee os hindringer i vejen, endelig, at alt beror på den forestilling, vi gør os.

9.

I den praktiske anvendelse af grundsætningerne bør vi tage nævekæmperen til forbillede, ikke fægteren; når denne har mistet sit sværd, er han uden redning, hvorimod hin stedse har hånden til sin rådighed, og at svinge den med kraft er alt, hvad han behøver.

10.

At erkende, hvad tingene er i sig selv, adskillende stoffet, formen, endemålet.

11.

Hvor stor er dog den magt, som mennesket besidder, da det er det givet, kun at gøre det, som gud vil bifalde, og villigt tage imod alt, hvad gud beskikker det.

12.

Hvad der sker efter naturens orden, kan vi ikke anklage guderne for; thi guderne gør ikke noget ondt, hverken frivilligt eller ufrivilligt; heller ikke menneskene kan vi anklage, thi de synder aldrig frivilligt; altså er der ingen, vi kan føre klage imod.

13.

Hvor latterlig, hvor fremmed og uerfaren er ikke den, der forundrer sig over noget som helst, der sker i dette liv!

14.

Enten er det en uforanderlig skæbne, en fast og urokkelig orden, der behersker alt, eller der er et barmhjertigt forsyn, eller endelig det hele er kun et planløst virvar uden nogen højere styrelse. Er det den uafviselige nødvendighed, der råder, til hvad nytte strider du imod? Men er der et forsyn, der lader sig forsone, gør dig da værdig til at erholde guddommens bistand. Er alt derimod en endeløs forvirring uden nogen herre, der har magt over det, trøst dig da med, at du midt i denne hvirvlende strøm har i dit eget indre en åndelig magt, som kan lede dig. Lad derfor strømmen kun gribe dig; dit legeme, det liv, der besjæler det, og alt det øvrige kan strømmen rive med sig, ikke din fornuftige ånd.

15.

Lampens lys ophører ikke at skinne, men bliver ved med at sprede sine stråler, indtil den slukkes. Skal da sandhedens, retfærdighedens, besindighedens lys i dig ophøre, førend du selv udslukkes?

16.

Er den tanke opstået hos dig om nogen, at han har begået en synd, spørg dig da, om du også med vished véd, at det er en synd, og, såfremt han virkelig har forsyndet sig, om han ikke allerede har fordømt sig selv, hvad der jo er det samme som at udrive sine egne øjne. Dernæst bør du erindre, at det at forlange, at den slette ikke skulle handle slet, er som at ville, at figentræet ikke skulle give sin saft til figenen, småbørn ikke skulle klynke, hesten ikke vrinske, og andet, der er lige så nødvendigt. Thi hvorledes skulle vel et menneske med dette naturlige anlæg kunne handle anderledes? Tror du dig dygtig dertil, helbred ham da for dette.

17.

Strider noget imod sømmelighed, *gør* det ikke; strider det imod sandhed, *sig* det ikke! Lad disse grundsætninger stedse lede dig.

18.

Overvej stedse ved enhver genstand, der har fremkaldt en forestilling hos dig, hvad den er i sig selv, og undersøg den derpå således, at du særskilt betragter årsagen, stoffet, bestemmelsen og det tidsrum, ved hvis udløb den vil ophøre at være til.

19.

Erkend dog endelig engang, at der bor noget bedre og guddommeligere i dig end det, der sætter lidenskaberne i bevægelse og drager dig som et viljeløst redskab snart hid, snart did. Hvad er det, der i dette øjeblik opfylder din sjæl? Er det frygt? Er det mistanke eller ond begærlighed, eller nogen anden lige så slet lidenskab?

20.

Først og fremmest bør du våge over, at du ikke foretager dig noget på lykke og fromme eller uden at have et bestemt mål for øje; dernæst, at det mål, du ene sigter til, er det for samfundslivet gavnlige.

21.

Betænk, at om en liden stund vil du ikke være mere og intetsteds findes, så lidt som noget af det, du nu ser, eller nogen af dem, der nu lever. Thi alle ting er bestemt til at forvandles, omdannes og forgå, for i uafbrudt følge at give plads for noget andet og nyt.

22.

Alt beror på den forestilling, vi gør os om tingene, og forestillingen beror på os selv. Fjern da denne, og ligesom den, der har omsejlet forbjerget, skal du erfare: alt er roligt, bølgerne har lagt sig, og havet er blevet stille.

23.

Om ingen som helst virksomhed, der ophører i sin tid, kan det siges, at den lider noget ondt derved, at den ophører. Ikke heller for den, der udfører handlingen, medfører det noget ondt, at den ophører. Også om hele det sammenhæng af handlinger, som udgør livet, gælder det samme, at der ikke tilføjes det noget ondt derved, at det ophører; og lige så lidt er den, der i det rette øjeblik afbryder denne række, derved udsat for noget ondt. Tidspunktet for afslutningen bestemmer naturen, undertiden den enkeltes egen natur, som det finder sted i alderdommen; men altid er det dog den almindelige natur, der foreskriver denne grænse, for at, medens dennes dele omskiftes, verden i sin helhed må bevares evig ung og blomstrende. Men hvad der er til gavn for det hele, er altid godt og indtræffer i det rette øjeblik. Livets ophør er derfor ikke noget onde for nogen, eftersom det ikke er noget skammeligt, men er både ufrivilligt og ikke i strid med tingenes almindelige natur. Meget mere er det et gode, fordi det er betimeligt og tjenligt for det hele, hvis regelmæssige udvikling det fremmer. Og således føres mennesket i virkeligheden af gud, når det føres ad den samme vej, som gud, og i fuld forståelse ledes til det samme mål.

24.

Lad stedse disse tanker være dig nær. For det første, med hensyn til dine handlinger, at du ikke foretager dig noget uden overlæg, og aldrig handler anderledes, end selve retfærdigheden ville handle; og med hensyn til det, der møder dig udefra, erkender, at det enten er et værk af tilfældet, eller er sket efter forsynets vilje, og at man hverken bør beklage sig over tilfældet eller anklage forsynet. Dernæst, som det andet, gør du dig det klart, hvorledes ethvert levende væsen er beskaffent i dets oprindelige tilstand som naturlig spire, indtil det modtager en sjæl, og fra dette tidspunkt indtil det atter afgiver sjælen; af hvilket materielt stof det er dannet, og til hvilket materielt stof det atter vender tilbage. Og endelig som det tredje: Tænk dig løftet højt over jorden til et punkt, hvorfra du kan se ned på de menneskelige ting med al deres skiften og vekslen, og med ét blik omfatte alt, hvad luft og æter rumme i sig, og forestil dig, hvorledes du fra dette ophøjede stade bestandig vil iagttage den samme ensformighed og kortvarighed udstrakt til alt, og sig så dig selv, at af dette er det, vi hovmoder os.

25.

Vis forestillingen ud, og du er frelst. Og er der vel nogen, der kan hindre dig deri?

26.

Forekommer noget dig uudholdeligt, er grunden den, at du har glemt, at alt uden undtagelse sker ifølge alnaturens love; og ligeledes dette har du glemt, at den fejl, en anden har begået, ikke angår dig; og dernæst dette, at alt, hvad der sker, stedse har haft den samme art, at det vil blive ved med at ske på samme vis i fremtiden, ligesom det i dette øjeblik sker på selv samme måde alle vegne; fremdeles har du glemt, hvilket nært slægtskab der forbinder det enkelte menneske med den hele menneskehed, thi det er ikke blodets bånd og fødselen, der knytte menneskene til hverandre, men fællesskabet i de åndelige evner; også dette har du glemt, at ethvert menneskes fornuft er gud og er udstrømmet fra gud; du har glemt, at intet tilhører mennesket som hans eget, men at både hans barn, hans legeme og selve sjælen er kommet fra gud; fremdeles, at tingenes betydning afhænger af den forestilling, vi gør os om dem, og endelig, at vi kun levr i det nærværende øjeblik, og at det kun er dette, vi mister.

27.

Tænk atter og atter på sådanne, hvis liv har været fuldt af nag og bitterhed, på dem, der blev hævet til ærens højeste tinde, eller var nedsunket i den dybeste elendighed, dem, der har tilbragt deres liv i fjendskaber, eller led under hårde skæbner af hvilken som helst art, og spørg dig så: Hvad er der nu tilbage af alt dette? Røg og aske, et sagn, og næppe det engang. Lad også noget sådant rinde dig i hu som en Fabius Katullinus på sit landsted, en Lupus i sine haver, en Sertinius i Baiæ, en Tiberius på Capreæ, en Velius Rufus, al denne højt priste herlighed, af hvad art nævnes kan, og betænk, hvor usle alle disse ting er, skønt de købes med så stor anstrengelse, og hvor langt visere det er, tilfreds med de beskikkede kår, oprigtigt at beflitte sig på at være retfærdig, besindig, lydig imod guderne. Thi intet er så utåleligt som hovmodet, der skjuler sig under ydmyghedens kåbe.

28.

Gør nogen dig det spørgsmål: Hvor har du vel set guderne, eller hvoraf véd du, at de er til, siden du ærer og tilbeder dem? Giv da en sådan til svar: For det første er guderne også synlige for vore øjne; og dernæst, skønt jeg aldrig har set min sjæl, ærer jeg den ikke desto mindre. Således forholder det sig også med guderne. Overalt ser jeg beviser på deres magt, og dette er mig nok for at vide, at de er til, og for at tilbede dem.

29.

Deri består frelsen, at vide om enhver ting, hvad den er i forhold til det hele, kende tingens stof og den årsag, der ligger til grund for den, af sit ganske hjerte øve retfærdighed og i sin tale følge sandhed. Og hvad behøves da vel mere for at nyde livet end at føje den ene gode gerning således til den anden, at end ikke det mindste mellemrum adskiller dem.

30.

Der er ét sollys, skønt det spreder sig over mure, bjerge og talløse genstande; der er ét fælles stof, skønt det fordeler sig i tusinder af legemer, hvert med sin ejendommelighed; der er ét liv, skønt det åbenbarer sig i mangfoldige naturer og indbyrdes afvigende former; der er én fornuftig sjæl, skønt tilsyneladende delt i mange. De dele af tilværelsen af de her omtalte — livsånden såvel som det rent materielle —, der mangler følelse, knyttes ikke til hinanden ved noget slægtskabets bånd, skønt også de er undergivet fornuftens love, ligesom de af tyngden alle drages i den samme retning. For de fornuftbegavede væsener derimod er det ejendommeligt at forene sig med andre af samme art; de stifter samfund, og denne drift til at leve et samliv med hverandre er uadskillelig fra dem.

31.

Hvad er det, som du endnu attrår? Er det at blive ved med at leve? Eller er det at sanse? Eller det at ville? At tiltage i kræfter for atter at aftage? At bruge stemmen? At tænke? Er noget af alt dette så meget værd, at du med grund skulle længes derefter? Men fortjener enhver af disse ting meget mere din ringeagt, gå da over til det sidste og højeste, du kan attrå: at lyde gud og fornuften; og har du vidst at give dette prisen, ville du jo modsige dig selv, hvis du endnu sukkede over, at døden engang skal komme og berøve dig alle hine evner.

32.

Hvor liden er ikke den del af den umålelige endeløse tid, der er tildelt hvert enkeltvæsens liv, og hvor hastigt forsvinder den ikke i evigheden? Hvor liden en del af den hele substans? Hvor liden en del af verdenssjælen? Og den jordklump, du kryber på, hvor liden en del er den ikke af den hele jord? når du overvejer alt dette i dit hjerte, må du vel lære ikke at holde noget for stort uden dette: at handle som din egen natur fører dig, og at lide hvad alnaturen pålægger dig.

33.

Hvorledes omgås din ånd med sig selv? Det er hovedsagen. Alt det øvrige, hvad enten det er afhængigt af vor vilje eller ikke, er døde ting og røg.

34.

Intet er så vel skikket til at bestyrke os i foragt for døden, som at betænke, at selv de, der anså nydelsen for et gode og smerten for et onde, alligevel foragtede den.

35.

Den, der kun anser det, som kommer i rette tid, for godt; den, for hvem det er uden forskel, om han får øvet et større eller et ringere antal fornuftmæssige handlinger, og som ikke tillægger det nogen betydning, om han skal beskue verden i et længere eller et kortere tidsrum: ham kan heller ikke døden indgyde nogen frygt.

36.

Du har været borger, o menneske, i denne store stad. Hvad magt ligger der vel på, om du just var det i fem år? Hvad der stemmer med lovene, er ikke uretfærdigt mod nogen. Er det da noget onde at blive skikket bort fra staden, ikke af en despot eller af en uretfærdig dommer, men af naturen, den samme, som førte dig derind? Det er jo ganske, som når en skuespiller afskediges fra teatret af den samme styrer, som har ansat ham. Men, vil du sige, jeg har ikke udspillet de fem akter, men kun tre. Meget rigtigt. Men i livet udgør de tre akter ofte hele stykket. Den, som bestemmer afslutningen, er jo den samme, som først ordnede delenes sammensætning, og hvem det med rette tilkommer at opløse den. Hverken det ene eller det andet afhænger af dig. Gå derfor bort i fred; thi også den, der giver dig afsked, er uden vrede.